AF200323

Woldemar von Gutzeit

Wörterschatz der deutschen Sprache - Livlands

Vierter Teil

Woldemar von Gutzeit

Wörterschatz der deutschen Sprache - Livlands
Vierter Teil

ISBN/EAN: 9783744600637

Hergestellt in Europa, USA, Kanada, Australien, Japan

Cover: Foto ©ninafisch / pixelio.de

Weitere Bücher finden Sie auf **www.hansebooks.com**

Wörterschatz

der

Deutschen Sprache Livlands.

Von

W. von Gutzeit.

Vierter Teil.

Erste Lieferung.

V— Verfütterung.

Riga.

In Commission bei N. Kymmel.

1889.

B.

An- und inlautend wie f in allen deutschen Wörtern; ebenso in einigen fremden, uns vollkommen deutsch erscheinenden, wie Vogt. Vogtei, vogteilich, Veilchen, Veit und Veitstanz. Dagegen wie w in allen Wörtern, mögen sie dem Griechischen, Lateinischen, Romanischen, Slavischen oder Hebräischen entstammen — mit Ausname etwa von feninisch: Eva, Jehovah, Venus, Slaven, Standinaven, slavisch, standinavisch, Valentin, Valesca, Elvire, Virchow, Varnhagen. Barzin, vagiren, Breve, Salve, Evangelium, Larve, oval, November, Violine, Vitriol, Visir, Vesper, (Vösperbrot auch mit f); ebenso in Vandalen, in welcher Benennung das V nach dem Lateinischen (Vandali und Vandalü) falsch statt W steht, wie auch griech. Βανδῆλοι ein W aufweist. Es wäre daher zu empfelen, statt Vandalen zu schreiben Wandalen, und auch slavisch und standinavisch statt slavisch und standinavisch, Slawen und Standinawen st. Slaven und Standinaven. Wenn wir in Deutschland sprechen hören Falentin, Fenus, Efangelist, Clafir (Clavier), — was Grimms Wtb. (unter fagiren), die allgemeine Angabe, dass das deutsche V wie f laute, bestätigend, „als uns Allen gewöhnlich" anfürt, so fällt uns das sehr auf. Auslautend ebenfalls wie f. Daher werden brav, massiv u. naiv gesprochen bräf, massif, naïf; brave, massive, naive aber bra-we, massi-we, nai-we. Wir sprechen v wie w auch in Frevel, freveln, Hannover, Cleve, Havel. Fast durchweg hört man Pulwer und Dawid, selten Pulfer und Dävibb; Reval statt wie in Estland Re-fall (Stadt Reval). In den hiesigen Familiennamen Liven und Lieven, Sivers und Sievers, Brever und Brevern, Stöver und Stövern (spr. Stöwern), Hevelle, Huickelhoven (spr. Hüttelhowen), Schievelbein, Stavenhagen, Grave, Struve, Gavel (spr. Ga-wehl), Lovis (spr. Lowis), ist stets w zu hören, meist auch in Elverfeldt, obgleich Einige dieser Familie sich Elserfeldt nennen.

Bei der Gewohnheit, v wie w zu sprechen, ist auch erklärlich, dass das „van" der Namen van Dyt, van Beethoven, van der Velde wie wann lautet, ausgenommen in einigen, wie z. B. van der Vliet; dass der Name des D. M. Volquin selbst von unseren Geschichtsfreunden Woll-Kwin gelesen wird statt Follwin.

Vaarhäring. Vaarhäringe, seit 1878; Mittelhäringe und Großvaar, 391. J. 1878.

Vadde, die, des Vaters Schwester. s. Möbbe.

Valand, das, s. Fa-, Fah-, u. Pfaland.

[Valben, Valven, Valwen. Gadebusch (325) sagt: Frisch übersetzt durch ethnicus; allein die alten Deutschen benannten so alle ihnen unbekannte oder nicht sehr bekannten Völker. vgl. Arndt Chr. I. 177 und 178 in Anm. s u. XI. Auch Häberlin (Auszug aus d. allgem. Welthistorie 11. 729) sagt, die Ungarn fielen 1304 mit einer großen Menge sogenannter Valven oder Cumanen die Länder Böhmen und Mähren an. — Die Valwen oder Falben sind die in den russ. Geschichte bekannten Polowzen, russ. половцы, czechisch plawci, ein türkisches Volk, dessen Name man von половый weißgelblich herleitet. vgl. E. Kunik in Mém. de l'Académie de St. Pét. XXXIII. 289. Anm. Ist die Herleitung des russ. Wortes von половый (плавъ) richtig, so würde Falben die bem russ. Polowzen entsprechende deutsche Benennung dieses Volkes sein. Miklosich (etymolog. Wtb.) sagt: bei plavъ (blass, weiß, blond, fal) denkt man an die Kumanen, welche russ. polovei, cz. plavei, deutsch die Falben heißen; wohl mit Unrecht, da wir uns die Kumanen nicht als blond zu benten haben.]

Vasselabend, früher oft st. Fastelabend, z. B. 194. Nypt. 26.

Vater. Väter des Vaterlandes werben in einem Recesse v. 1645 die livländischen Landräte genannt. vgl. 347. II. 2. 14. Vater des Vaterlandes war eine Benennung, welche das banlbare Rußland seinem großen Peter barbrachte. Entsprechend dem lateinischen pater patriae. — Großer Vater oder: Du großer Vater, ein gewönl. Ausruf st. großer Gott oder himmlischer Vater. — Karl Detlef in Schuld und Sühne, Unlösliche Bande u. a. gibt das russische Отец

der Geiftlichen wieder mit Vater, z. B.
Vater Sophron (in der Anrede). Eini=
ge Überfeßer ruff. Schriften haben da=
für das katholifche Pater in Anwendung
gezogen!

Vaterchen, oft ft. Vater oder lieber
Vater. Auch als ehrende Anrede für
einen alten Mann, wie Papachen und
Mutterchen. — Mit Vaterchen u. Mut=
terchen gibt man auch das ruff. батюш=
ка und матушка wieder, nicht aber mit
Väterchen und Mütterchen, wie Über=
feßer ruff. Schriften es tun.

Väterchen, das, Männchen der Vögel,
wie Mütterchen das Weibchen. Der
Gant oder das Väterchen (der Gans),
328. 201 und 207. J. 1649 und in
späteren Aufl.; das Ant=Väterchen, ebba
211; auf dem Hoffe follen ein Väter=
chen und Mütterchen (von Hünern) den
Bauer (n) zur Arth gegeben werden,
330. 21; Väterchen, beim Fafel, Sten=
der I, lett. tehwinfch; ein Pfauen=
Väterchen, rig. Ztg. 1858. 111. Jm an.
ift hvatr Männchen der Thiere über=
haupt.

Väterchenhanf, männlicher Hanf, Hu=
pel in 167. Eine Überfeßung d. eftn.
eßa=kannepi.

Väterlichkeit, nach d. Niederdeutfchen,
ein Titel, den man bis ins 16. Jahrh.
den Bifchöfen gab. vgl. 228. 7. S. 14.
Zu Grimms Wtb.

vatern, einem eins, wie einem eins
malen, pfeifen u. ä, einen als Vater
nicht berückfichtigen. Du nennft mich
Vater? Ich will Dir was vatern! b.
h. du nennft mich Vater, um das von
mir zu erhalten, das wird aber nicht
gefchehen. vgl. 390c. 158.

Vatername, felten Vatersname, die
nach ruffifchen Gebrauch übliche Benen=
nung der Kinder nach dem Taufnamen
des Vaters, ruff. отчество. Der Sohn
Wladimir heißt nach dem Taufnamen
Jwan feines Vaters Jwanowitfch, die
Tochter Anna ebenfo Jwanowna. Ganz
verfchieden alfo von Familiennamen,
ruff. фамилiя!

Vaterunfer, als Zeitmaß. Elterleu=
te und Elteften gehen hinaus, feßen
fich an ihre gewöhnliche Stelle ein Va=
terunfer zwei lang, fo ift der Tifch be=
kleidet, 349. IV. 1. Zu Grimms Wtb.

Venerie, (3 fylbig, i betont), die,
Luftfeuche, mal vénérien. An (der) B.
erkranken.

venifch. f. fenifch und brem.
Wtb. I. 374.

Venus, Liebe, Liebesgöttin. Der
Venus opfern, Beifchlaf ausüben.

Venuspriefterin, Freudenmädchen,
372. II. 311.

Venusritter. Den Venusrittern, wel=
che felbft fchon manchen „alten Blücher"
mit fich umhergetragen, 372. I 439.

ver. Der Ton bei mit ver gebildeten
Wörtern fällt zuweilen auf ver. Beim
An=und Berkauf von Waren; Ber= und
Berfrachtung von Waren; Wertpapire
an= und verkaufen. — Jn ältern Schrif=
ten bafür: vor.

verafen. f. verafen.

Verabhandlung, Abmachung, Be=
fchlußfaffung, Befchluß. Damit gegen=
wärtige(r) B. befto unverbrüchlicher nach=
gelebet, rig. Ratsprot. v. 1769.

verabladen, verladen, 172. 1791. 78.
Nicht blos ein weftfälifches Kanzleiwort,
wie Grimms Wtb. meint.

verabfäumen, nicht rechtzeitig tun.
Diejenigen, die fich hierunter verabfäu=
men, 172. 1789. 260; hierunter fich
Berabfäumende, 172. 1786. 164.

verabfcheiden. Was beredet und ver=
abfcheidet (worden), 192. Kettlers baufchl.
Rec. v. 1568; verreceffiren und verab=
fcheiden, ebba; imgleichen wurde verab=
fcheidet, 215. 621; den Anftand (Waf=
fenftillftand) befeftiget und verabfcheidet,
195. Henning Chr. 221; hat der König
vermöge eines refcripti verabfcheidet,
daß, 195. hift. mut. reg. 309; ehe et=
was darin verabfcheidet wird, 185. 469;
es foll fich auch der Vogt mit den Sa=
chen nicht überhäufen und auf ein Mal
nicht mehr vorladen laffen, als er ab=
zurichten vermeinet, und wenn diefelbe
nicht alle verabfcheidet werden können,
148, aburteilen; darauf verabfcheidete
der Rath, 180. I. 2. 446. Zu Grimms Wtb.

verachen, die Zeit, mit Ach und Weh
verbringen, 390c. 105.

verächtlich. Die Verwechfelung der
Worte verächtlich und verachtend gehört,
fagt G. Merkel in 176. 1838. lit. Begl.
45, zu den poffirlichften Fehlgriffen der
jeßigen deutfchen Schriftftellerei. Ver=
ächtlich ift was Verachtung verdient.
Was fagen nun z. B. die Phrafen: „Sich
feines Werthes bewußt, beobachtete er
Weife verächtliches Schweigen". Oder:
„die tugendhafte Frau antwortete ihm
mit verächtlichem Blicke?" Kein Fran=
zofe wird méprisable und méprisant, kein
Engländer despicable und despising ver=
wechfeln. — Merkel wollte bafür ver=
achtend feßen.

veralbern, zl., albern werden.

verältern, älter machen, für älter aus=
geben. Sie verältert ihre Tochter.

veraltjungfern, (Ton auf b. 3ten), zL.,
ganz zur alten Jungfer, ganz altjüng=
ferlich werden.

verändern sich, sich verheiraten. Kein
mundartliches Wort Livlands, wie Viele
glauben; jetzt indeß nur im Scherz
gebraucht. Zuerst in nb. Schriften. Is
et dat se sik nicht vorindert binnen de=
me jare, Schra b. rig. Lakenscherer
v. 1383. Hochdeutsch in b. Einladungs=
schreiben Gustav Wasa's v. 1531 zu
seiner Vermälungsfeier an den rig. Rat:
Wir gebenken uns zu verheirathenn und
zu verandern, vgl. 174. 1862. 227;
verändert sich ein Mann mit Weibern,
RR. b. F. E. 163; wenn die Wittwe
nicht gedachte zu verändern, 241, wo
„sich“ ausgelassen ist; wollten der Va=
ter oder Mutter sich anderwärts verän=
bern, 148.

Veränderung, 1) Verheiratung. In
einem Schriftst. v. 1533: sunder wider
vorandering in ehliken stande. In
Grimms Wtb. erst aus b. J. 1684. 2)
monatliche Reinigung. Sie hat ihre
B., Hupel.

veranken, die Nacht durchächzen, 390c.
105.

verankern. Das Befestigen der an
der Brücke liegenden Schiffe soll mit
Verankern geschehen, 172. 1798. 151;
es gelang, die eine Hälfte der Brücke
vor der Mündung des Flusses zu ver=
ankern, 176. 1834, 67. Zu Grimms
Wtb.

Verankerung. V. der Ziegel beim
Aufführen einer Mauer.

Veranlasser, eines Brandes, 176. 1828.
3. Zu Grimms Wtb.

veranleiten, veranlassen. Veranleite=
ten viele Händler, 194. Brandis 46.

verantworten, zL., die Verantwortung
tragen, verantwortlich sein. Nach Grimms
Wtb. ganz vereinzelt bei Klinger, „aus
dessen Heimatsdialekte es nicht zu er=
klären ist.“ Es könnte daher von ihm
in Livland kennen gelernt sein, wo es
gewöhnlich ist. „Sallmann (396. XXXIV.)
fürt es auch für Estland an.

verarbeiten, 1) einen, tüchtig verhauen
oder mitnemen; 2) eine, (tüchtig) ver=
sehgeln. Die junge Frau sieht recht ver=
arbeitet aus. 3) sich mit einer, im
Beischlaf abarbeiten oder erschöpfen.

verärgern, einen, sehr ärgerlich ma=
chen, sehr ärgern. Verärgert sein. Gew.
In Grimms Wtb. nur aus Zwingli.

In der Bedeutung v. verschlechtern hier
unbekannt.

Verärgerung, Ärgerlichmachung. Sei=
ne V. wird schon aufhören.

verarrendiren, ein Landgut verpach=
ten. Gew. und in Liv=, Est= und Kur=
land. Das Wort schon in Vorstellung
b. rig. Rats v. 1677, vgl. 849.
II; bann in 193. II. 505. J. 1680.

Verarrendirung. Schon in 349. II.
J. 1677: die Stadtsgüter durch V.
höher ausbringen.

veraschen, 1) zh., in Asche verwan=
deln; 2) zL., zu Asche werden. Nasses
Holz verascht, gibt keinen Rückstand von
Kohle, verbrennt zu Asche; eine Cigarre
verascht. In Grimms Wtb. nur aus
Campe.

verasen, unbrauchbar oder schlecht
machen; ein Kleidungsstück, einen Wa=
gen, übel zurichten. Veraasen, verder=
ben, Stenber; veraasen, nichtswürdig
verderben, 390c. 105. Zu Grimms
Wtb. Zuasen dagegen in b. Beb. von
zusudeln, sudlich machen.

verassecuriren, liest und hört man oft
st. versichern (gegen Feuer). Das ver=
ist überflüssig.

verauctioniren, allgemein gebräuch=
lich st. versteigern; verganten ist unbe=
kannt.

verauslagen, Geld, auslegen. Aus
dem Baucapital sind für den Betrieb
200,000 Rbl. verauslagt worden, 114.
J. 1862. Gew.

Verauslagung, wie b. Km.

verausländern, durch langen Aufent=
halt im Auslande ausländisches Wesen
und Denken sich aneignen. Ganz ver=
ausländert sein.

Veräußerer, Verkäufer, 154. I. 248
und oft.

verbabbeln, Zeit, verplaudern. Auch
in 390c. 105.

verbaden, gewisse Absonderungen, die
die Natur in Krankheiten heraus=
bringen will, durch den unzeitigen Ge=
brauch der Badstuben zurücktreiben, Lan=
ge; von Hupel als wol kaum vorkom=
mend bezeichnet.

verbaden, heischen, laden, kommen las=
sen, nb. ver= und vorbaden. Das Amt
verbaden, 250; zur Gildstuben verbah=
bet haben, 349. IV. 11. J. 1604. vgl.
nb. boden, laden, vorladen, und verbie=
ten.

Verbabung. Zu den Verbabungen,
250, Einladungen zur Amtsversamm=
lung.

verballen, von Pferden, in Grimms Wtb. verbäuen. Wir sprechen nicht: ein Pferd verbäut, sondern: wird ob. ist verballt. s. b. f.

verbäuen, sich. Wenn sich ein Roß auf der Reise verbället hat, 412. 22. In Grimms Wtb. als mundartlich angegeben.

verballern, 1) einen, mit Fäusten tüchtig schlagen oder verprügeln, verteilen. — 2) eine Thür, vermachen, gegen Einbruch. In 390c. 105: bröhnend zerschlagen, verhauen, werfen.

verballhornisiren, nicht selten st. verballhornen.

Verballhornisirung. Öfters. Hahnemann erklärte diese Methode, die Isopathie, für eine „Verballhornistrung" seiner Lehre, 176. 1834. lit. Begl. S. 47. Ebenso: Verballhornirung. Diese seine Ausstellungen sind aber folgende Verballhornirungen, Prof. Kruse in 176. 1835. lit. Begl. S. 79.

Verballtheit, der Pferde, Verballtsein.

Verballung, Verballtheit.

verbammeln, in bammliger ob. bummliger Weise ver- oder durchbringen, verbummeln. In 390c. 105: durch bammeliges Wesen durchbringen.

Verbanddose. Chirurgische Verbanddose, 172. 1794. 123.

verbasen 1) Zeit, in dämliger Weise verbringen, 390c. 105. Hier: schwärmend verbringen. 2) ins Dämeln hineinkommen, dämlig werden, 390c. 105. Hier: durch Schwärmen sich entkräften. Daher: verbast sein oder aussehen, verschwärmt, durch vieles Schwärmen angegriffen, verschwächt. In Aachen (162) verbast: „bestürzt, erschrocken, erstaunt, verwirrt. von nd. basen wahnwitzig sein". vgl. basen.

verbasteln 1) Zeit, mit Kleinigkeiten vertröbeln, verpinseln, basteln verbringen. 2) bastelnd verbrauchen, Schnur. 3) sich, durch allerlei kleine Arbeiten ob. langsames Tun sich Nachteil zufügen oder die richtige Zeit versäumen.

verbaulen, unedel f. verbeulen, Beulen (Vertiefungen) erleiden. Auch mit sich: der Kessel hat sich durchs Fallen verbault. Zuerst bei Hupel in 166a. XVII. 226: Das von Baule herrührende Zw. verbaulen hört man oft, z. B. Der Kessel ist ganz verbaulet, d. h. ist voll Baulen. Er bemerkt zugleich, daß Baule von Beule unterschieden wird; Beule sei eine Erhöhung, Baule dagegen eine gewaltsame eingedrückte Vertiefung.

Verbaultheit und Verbaulung.

verbauschen, im Bausch vergeben, eine Arbeit, den Bau eines Hauses, im Ganzen an einen Unternemer.

verbauwerken. Der Ort (die Lücke des zerschossenen Turmes) ist mit Mastbäumen und Torfe verbawerket, 334. 66. Ob für verbollwerket?

verbeispielen, etwas, exemplificiren.

Verbeispielung, Exemplification.

verbeißen, 1) einen, ihn durch beißende Bemerkungen ob. sonst wie tüchtig mitnemen, ihm zusetzen. — 2) sich, von Hunden, sich so beißen, im Beißen so an einandergeraten, daß sie nicht auseinander zu bringen sind. 3) sich bei einer Sache, eine unrechte Wal treffen, Unglück haben. Er hat sich bei dieser Sache verbissen.

verbellen, s. verbällen.

verbengeln, bengelhaft werden.

Verbesserung, Büßung. Bei B. einer Tonne Biers, 239.

Verbeultheit, die, von Geschirren, Äpfeln u. a.

Verbeurung, Verbörung, Verwirkung. Solche Kleider abthun, bei Verbeurung derselben, 309b.

verbeulen, s. vorbülen.

verbilligen, eine Ware, billiger machen.

verbilligern, wohlfeiler machen, verbilligen. Große Zufur verbilligerte (verbilligte) die Preise.

Verbilligungsverein, der den Zweck hat, Gegenstände des täglichen Lebens zu verbilligen. Die Consumvereine sind Verbilligungsvereine.

verbinden, eine Flasche, ein Saftglas und dgl., die Öffnung derselben mit Papier, Zeug oder Blase bedecken und die bedeckende Hülle mit Band oder Schnur umschnüren. Das Saftglas ist verbunden; ein nicht verbundenes Saftglas. — Ein Halstuch verbindet sich bald, leidet, knült durchs Knüpfen.

Verbindungsrechte, gesetzliche Servituten, 154. L. 228.

Verbindung, Studentenverbindung, Corporation. Keiner B. angehören; in einer B. sein, aus der B. austreten; in eine B. treten.

Verbindungsschrift, durch die sich Jemand zu etwas verbindet. Verbindungsschriften und Forderungen, 172. 1786. 433; eine B., 172. 1800. 215; alle dem zuwider von dem Unmündigen ausgestellten, von dem Vormund nicht mit unterschriebenen Verbindungsschriften sind nichtig, 154. I. 86.

verbinsen? Dann vergesse ich meine

Bildung und verbinſe dich, 361. 1885. F. B. 41.

verbiſten (-), ſich, in einen Gegenſtand, in ein Geſpräch, ſich vertiefen. Wol falſch f. verbiſtern.

verbiſtern (-), 1) abhanden bringen. Glaſe unn kannen, worde dat verbyſtert ofte vorwarloſet, Schragen b. rig. Schwarzh. v. 1416. p. 32, ließ man das verloren gehen. 2) nach A. Stein, ſtub. f. verſimpeln. — Sonſt nur mit ſich. 1) Sein Vermögen verbiſterte ſich allmälig, ging allmälig verloren. 2) Wie haſt du dich zu ihm verbiſtert? zu ihm verirrt. Bergmann ſchreibt verbieſtern und verbüſtern; im brem. Wtb. verbüſtern, in Grimms Wtb. verbieſtern.

verbiten (verbieten), vorladen. In 194. Ryſt. 51: do lieſs ein radt vorbaden den ganzen Raht und de Gemeine ihre beide Gildeſtaffen und Sellſorger. Tielemann ſetzte verbieten „nach dem plattd. vorbaden zuſammenrufen, einladen." Pabſt in 379. 1. 3. 239 macht zu dem Worte verbieten ein Ausrufungszeichen. Irrtümlich! vgl. verbieten 1) in Grimms Wtb.: berufen, laden.

verbitten. Beſchloſſen, daß die Gemeine ſolche Perſonen nicht mit Gewalt vertreten oder verbitten ſoll, 344. 1. Statt verbieten vorfordern, wie eine Stelle in Grimms Wtb. 4)?

verblättern. Beginnt die Zerſtörung, ſo kann die Cutis, wie die Epidermoidalgebilde verſtauben und verblättern und die befallenen Stellen ſinken unmerklich unter das Niveau ihrer Umgebung, Canſtatt, ſpez. Path. und Ther. II. 955.

verblauen, einen, verprügeln, verbleuen.

Verbleib, der, Wohnung, Aufenthalt, nach Bergmann und Hupel. Gew. Hier habe ich keinen Verbleib, hier werde ich mich nicht aufhalten, nicht bleiben.

Verbleibſchein, Aufenthaltſchein, eines Bauern, Dienſtboten.

Verbleibung. Oft: mit Verbleibung in ſeinen bisherigen Ämtern und Würden, Belaſſung. — Wiedergabe des ruſſ. съ оставлениемъ въ должности.

Verblendſtein, Verblendmaterial und dgl. in der Baukunſt, Steine und dgl. zum Verblenden.

verblubbern, verplaudern, 390c. 105.

verblümen. Es ſollen auch alle verblümbte Sammliten klein Röckchen u. Jungfrawen Wembſe verbotten ſein, 309 b. J. 1593.

verboden, die Bürgerſchaft, zuſammenrufen, 344. 1. Auch: verböben.

verbolgen, zornig, erzürnt. Grimms Wtb. ſagt: nhd. ſelten und veraltet. Gadebuſch (325) ſagt: ein lieſs. Provinzialwort, welches Lindner von dem engl. bold herleitet. Ich denke, es lömmt von dem alten deutſchen Worte bal böſe und bulghen iratus her. Schon findet man beim Jeroſchin irbolgin, welches eben dasſelbe Wort iſt. vgl. Friſch im Worte Bal, wo auch verbolgen und Verbolgenheit angeführt iſt. — Hupel in 168a. XVII. 234 ſagt: verbolgen hört man zuweilen ſt. tückiſch, heimtückiſch, ungehorſam, widerſpänſtig. Der Moslowiter wurde durch das Glück verbolgen, 221. 24.

Verbolgenheit, 195. Henning Chr. 215. In Ruſſow (195) Vorbolgenheit, „Tücke, Bosheit, Hinterliſt."

verbollwerken. Früher und heute gewöhnlich in übertragenem Sinne. Ele hatte ſein Haus in Vertheidigungsſtand geſetzt, und die Hausthüre mit Kaſten, Holzſtücken und andern Sachen verbollwerkt, 349. XL 1; geſtalt er (der Feind) tief in die Erden Laufgraben gemacht, ſelbige auch ſo verbollwerket, 223; die Düna ſoll nicht verbollwerkt noch verpfählt werden, 207. 165; weil die Thür des Hauſes verbollwerket war, 180. II. 1. 347.

Verbollwerkung. Die V. des Feindes, 223.

verboren und verbören, verbrechen, büßen, verfüllen. Soll verbort ſein die Helfte, 241; der Schläger hat im Recht verbohret, 179. II. 28. 29; ſo jemand die Pfände innerhalb 6 Wochen nicht löſet, ſo ſollen ſie verböhret ſein, 349. XX. 1. 3; ſoll 3 Ferding verböhret haben, 247.

verboren. Die Zündlöcher der Flinte mit Gold verbohrt, 172. 1796. 445; den Boden des Gefäßes (Tonne) zuſchlagen, verzapfen und verbohren, 111.

verborgen, aus= oder verleihen. Aus dem Magazin Getreide verborgen, 176. 1839. 119; das Buch iſt verborgen, ſprechen Einige ſt. verborgt.

verborgen. Ein verborgenes Geſicht, öfters in 172, mit dem Ausdruck der Verſtecktheit? Ein ſehr verborgenes Geſicht, 172. 1789. 515.

verborken 1) von der Rinde junger Birkenbäume, wenn ſie borkig wird, was nicht vor dem 10 Jahre ihres Lebens geſchieht. 2) die Naſe, das Ohr iſt ver

borkt, mit Borken (Schorfen) voll ob. ver-
liebt.

Verborung und Verböring. By ver-
boring, rig. Burfprake v. 1412; bei verböhrung sechs Ferdinge, 274. 194, im
nd. Texte: by verböring VI farding; bei
Verborung eine Mk. Silbers, 241; bei
Verböhrung des Amtes, 217.

verbösen, durch Erzürnung, aus Bosheit irgend einen Zufall erleiden, wie
Krämpfe, Erbrechen und dgl.

verboben (–), verbösen. Wol nur
mittelwörtlich. Verboßt auf einen sein;
verboßte Hunde, eingezergte, böse ge-
machte. Verboft, 210.

Verbot und Verbott, das und der,
1) Einladung. Das Verbodt zur Gil-
bestuben thun, 344. 2. 27; wann der
altermann im Amt Verbott thut, 240;
mit dem Verbott zu Gildestuben, 274.
204; der Altermann, wenn er Verbott
gethan hat, ebba 190, im nd. Text:
vorbot gedan; das Verbott thun laffen,
257; den Verbott thun, 251; auf fei-
nen Verbot sich einfinden, 275. 42; des
Altermanns Verbot verachten, 311. 4.
Noch zu Brotes Zeit (vgl. 166a. IX/X.
567) sagte man: ein Verbot thun, zu-
sammenberufen. — 2) Beschlag. Ebenso wol mit „unter" als „mit." Vermögen mit Verbot belegen, 172. 1814.
42; daß solches Vermögen unter keinem
Verbot stehe, 172. 1789. 10; das Haus
ist unter Verbott gestellt; einen Verbott
auflegen auf eine Besitzlichkeit.

verboten und verbotten. Die Amt-
brüder zusammen verboten laffen, 248;
zusammen zu kommen verbotet werden,
193. II. 399; das Amt verbothen, 180.
IV. 2. 479; ein Frühvater mußte das
Amt solange verboten, bis ein andrer
ihn ablöste, 180. IV. 2. 479; für jeden
Amtsmeister, den der jüngste Meister
zu verbothen verabsäumt, 237. 10; der
Altermann muß zu Amtsversammlungen
sämmtliche Meister verbotten oder zu-
sammenberufen laffen, 234. 18; das
Werk verbotten laffen, 259; die sämmt-
lichen Gesellen verbotten laffen, 136;
zu solcher Folgung der Leiche muß der
Junggeselle die Meister und Gesellen
verbotten, ebba; wenn ein Gewerk ver-
bottet ist, 267 und 268.

In Grimms Wtb. ist verboten erklärt:
durch einen Boten zu einer Versamm-
lung berufen. Von Bote aber das Wort
abzuleiten, widerspricht ganz dem Geiste
der Sprache. Auch sprechen dagegen
bieten und buben. Dies buben leitet
darauf, das in seinem Ursprunge dunkle
bieten mit ruff. быхъ zusammenzustel-
len.

verboten. s. Meister.

Verbotter. Bleibet der V. aus, 268;
verreiset der V., ebba. Auch noch
heute in Kurland. Die laufenden Rückstände und Beisteuern zur Amtslade des
Kurländischen Mülleramts an den Amts-
Verbotter, Herrn Alfred Döllert, ent-
richten, rig. Tageblatt N. 50. J. 1889,
aus Mitau.

Verbottgeld. V. erlegen, 248.

Verbottung. Ein (e) V. oder Zu-
sammenberufung des Amts, 234. 21.
In Grimms Wtb. eine alte Stelle aus
b. J. 1582.

verbraken, als schlecht erkennen. Gute landische Ware wird in der Stadt
häufig verbralt.

verbrämen, ein Kleid, mit einem Roth-
rand beschmutzen, 390c. 105. In Riga
in dieser Beb. mir nicht begegnet, obgleich Bräm im Sinne von Rotrand u.
bebrämen gewöhnlich ist.

Verbrämniß, das. Aller Mardern
und Sammitten verbremnuffe sich enthalten, 309. b. J. 1593.

verbranden, eine Speise, sehr versalzen, brandsalzig machen, zu einem Bran-
be machen.

verbraffeln, verprügeln, 390a. 105.

verbrechen. 1) Durch ein Vergehen
verluftig gehen. Das Gut verbrochen
haben, 87; sein Landgut der Obrigkeit
verfället und verbrochen haben, 192. II.
2. 178. Zu Grimms Wtb. 7. 6. — 2)
sich im Leibe einen Schaden zufügen.
Er hat sich im Leibe verbrochen oder
Verbruß gethan, Stender l; du wirst
dich verbrechen oder Verbrieft thun, ebba;
sich verbrechen, im Heben, ebba. 220.

verbrechlich. Wenn sie überzeuget u.
verbrechlich befunden worden, 185. 749,
eines Verbrechens schuldig.

verbreitern, die Gassen, 174. 1816.
70. J. 1689, breiter machen.

verbrennen, 1) von jedem Loof Malz,
das verbrauet oder verbrannt würde,
180. II. 2. 614. — 2) einen, verfeuern,
verbämmern. — 3) durch die Sonne,
braune Färbung der Haut erhalten; verbrennen, von der Sonne, ist stärker als
einbrennen. Bergmann hat sich verbrennen, st. verbrennen. — 4) daß man aber
der Schulmeister Arbeit so sehr mit
verbrenneten Worten thut aufschwenken,
als wenn des Ministerii Arbeit dagegen nichts wäre, 349. XVI. 1. — 5) sich
oder seinen Pimpel, einen Tripper ob.

syphilitisches Geschwür bekommen. Gew.
Er hat sich bei ihr verbrannt.

verbrettern, eine Hauswand, mit Bret=
tern beschlagen.

Verbretterung, 1) das Verbrettern;
2) die Bekleidung mit Brettern selbst.

verbriefen. Daraus, daß „verbriefte
Gelder" von der fahrenden Habe unter=
schieden — werden, darf man nicht schlie=
ßen, daß sie zum unbeweglichen Vermö=
gen gehören, 154. I. 145; von den vor=
handenen verbrieften Geldern gebührt der
Wittwe ein Kindestheil, ebba II. 74. f.
Geld.

Verbriefung. Diese königliche V.,
diploma hoc, 352. XXX. 4. In Grimms
Wtb. aus Stieler.

Verbringer, Vertuer, Verschwender.
Verbringer und andre Verschwender, 193.
II. 446; Verbringer ihrer Güter, 154.
I. 77.

Verbringung. Er war so schwer ver=
letzt, daß seine V. in's Krankenhaus er=
forderlich wurde, 361. 1888. 144. In
Grimms Wtb. nur ein Beleg aus Bai=
ern; hier wol auch nur im Munde
Weniger.

verbrubbeln 1) in ungeschickter Weise
etwas behandeln und verderben. Er
hat die Angelegenheit verbrubbelt; die
Sache ist jetzt verbrubbelt. Die Arbeit
verbrubeln, Stender I. — 2) sich, in Ver=
wirrung geraten, in unrichtiges Denken
und Sprechen geraten, sagen, was man
nicht sagen sollte. — In Sallmann
(390c.): verlochen; verschmutzen; sich,
sich stammelnd versprechen.

verbrüdern. Die hiesigen Barbiere
haben 1810 eine „verbrüderte Unterstütz=
jungskassa" errichtet, 174. 1811. 61.

verbrummen 1) ein Vergehen, im Ge=
fängniß absitzen müssen. — 2) etwas,
verbrubeln. Eine Sache verbrummen,
durch Saumseligkeit oder Ungeschicklich=
keit verlieren; die gute Gelegenheit
verbrummen.

· **verbubbeln,** mit Bubbeln, kleinen Haut=
anschwellungen bedeckt sein, 890c. 105;
ihre Nase ist verbubbelt, mit Hautknöt=
chen bedeckt. Sallmann (390c. 105) hat
noch: durch zu starkes Kochen sich auf=
zehren und durch Stottern sich verspre=
chen.

verbuchen. In der Hauptkasse sind
1512 Posten in Einnahme und 2110
Posten in Ausgabe verbucht worden,
375. 42. J. 1870.

Verbuchung. Ein Einnahmejournal
zur V. aller erfolgenden Lieferungen;

diese Hefte gelangen an den Betriebs=
director zur V., 414. J. 1864.

verbuddeln, 1) verlochen, 390c. 105;
2) durch Unordnung verderben, ebba.

verbüffeln, verbummen.

verbuffen, (v) durch Stöße verletzen,
390c. 105.

verbult, durch wollüstiges Verlangen
angegriffen. Daher: ein verbultes Frau=
enzimmer. Da das wollüstige Verlan=
gen und die dadurch entstandene An=
gegriffenheit sich im Gesichtsausdruck
und in den Augen kund gibt, so spricht
man von einem verbulten Ausdruck im
Gesicht, oder einem solchen in den Augen,
die einen eigentümlichen Glanz erhalten,
wenn das Verbultsein in geringerem
Grade vorhanden oder der Körper noch
nicht angegriffen ist; in höherem Grade
der Verbultheit ist der Glanz der Au=
gen matt und sind diese von Ringen um=
geben. — Die Erklärung in Grimms
Wtb. von verbuhlen, b. h. Buhler wer=
den, ist unzutreffend.

verbülten, eine Bülte (Beule) ein=
schlagen, eindrücken, verbeulen.

Verbund, der. 1) Wenn die Gesellen
bei einem Meister in V. gewesen, 283.
4, gearbeitet haben; im Verbund ist
bei einem Meister der Lehrjunge, der
anderweitig gelernt hat, aber noch ein
halbes Jahr bei einem Meister arbeitet,
bis er freigesprochen wird, 390c. 131.
— 2) dem Warschauer V. beitreten, 180.
III. 3, 298.

verbürgen. Der Meister soll den
Lehrjungen verbürgen, 243; wenn der
Verbürgete durchginge, 148.

Verbürtung? Versetzung, Verbürtung,
Verkauffung, 192. VI. 215 und f. J.
1597, Ordnung der Bauern.

verbuscheln, vom Kopfhaar, verwüllen
und sich verwüllen, verzotteln.

verbuschen. Verbuscht sein, durch Le=
ben im Busch (Wald) verwildert sein.

verbuttern. 1) Das Geld war ver=
buttert, schreibt Kohstädt, sagt Arndt (179.
I. 218). — 2) einen, verprügeln. — 3)
einem etwas, hintertreiben. Das will
ich ihm verbuttern. 4) ganz schlecht
machen oder werden.

Verchristigung. Ungeschichtlich, daß
sie eine allgemeine V. der Eingeborenen
erzielten, 196. XI. 378.

verchristlichen, zb., zu Christen machen
(durch die Taufe). Wladimir b. Gr. hat
Rußland verchristlicht.

Verchristlichung. Die V. Rußlands
durch Wladimir den Gr. im J. 988.
Neuerdings ist von unseren Zeitungen

dafür gebraucht worden Christianisirung. Diese sogenannte B. war richtiger nur die Einfürung des christl. Glaubensbekenntnisses als eines stattlichen wie daßelbe im byzantin. Reiche unter Constantin dem Gr. ungefähr 6 Jahrhunderte früher geschah. Der ruff. zutreffendere Ausdruck ist крещение Руси, Taufe Rufflands.

verdämeln und verbammeln 1) Zeit, Geld, Bücher u. dgl., dämlich ob. nichtstuend verbringen. Da haft du in wenigen Worten eine Schilderung, wie ich meine Zeit verdahmele, Koßebue in Leontine II. 166. — 2) aus Dämlichkeit vergeffen. Auch in 390c. 105.

verdämmern, einen, verfeuern, verprügeln. verhauen, arg mitnemen. In 390c. 105: heftig auf einen oder etwas losschlagen. — Beffer wol verbemmern zu schreiben.

Verdammung, st. Verdämmung. Die B. der Dünathore, 174. 180. 113, gegen Eindringen des Hochwaffers beim Eisgang. Verbammnng erinnert an franz. condamner une porte vermauern, verrammeln eine Tür.

verdämpfen, erfticken. In Grimms Wtb. nur aus Hans Sachs. Daß ich in Krankheit fiel, daß ich verdenpffen wollte, keinen Abam (Atem) holen konnte, 335. 170. J. 1611. Sonft auch von Stenber angefürt. Mir nicht vorgekommen.

verdampfen, von brennenden Lichten, so ftark dampfen, daß fie wie in Dampf aufzugehen scheinen. Nur von „dampffenden" Lichten gebraucht.

verdanken, fich etwas, fich verbitten, dankend ablenen.

verdäfen oder verdefen, 1) im Halbschlaf verträumen, den Tag. — 2) bei Sallmann (390c. 105) auch: däfig werden und aus Däfigkeit vergeffen.

Verdeck, das, in schlechter Sprache auch der, 1) eines Wagens ob. Schlittens. Schlitten mit halbem Verdeck, 172. 1771. 13; Schlitten mit fallendem B. und Klappfenftern, 172. 1795. 52. Eine Verbeck=Droschke, 172. 1828. 10. Ein Halbverdeck heißt ein Wagen ob. Schlitten, ber oben halb verdeckt ift. In Grimms Wtb. in diefer Bed. erft aus Gutzlow. — 2) Schutzdach. Sich unter B. stellen, unter Döbach gegen Regen, s'abriter, untertreten. 1879.

verdecken, fich. Ihre Maj. hatt fich deßselben Mondes bemächtiget und barin verdecket, 351. XXXI. 39.

Verdeckschlitten, mit halbem ob. ganzem Verdeck; in letzterem Falle baßselbe was Kutschschlitten, ruff. возокъ; im erfteren bas was ruff. кибитка, b. h. halb verdeckter Reiseschlitten, genannt wird. Verdeckschlitten, rig. Ztg. 1889 in Anzeige eines Wagenbauers.

verdeckt kochen laffen.

verdeckter Schlitten, der Fenftern hat, 172. 1781. 11; verdeckter Schlitten, 210, schlecht daselbft erklärt: bedecket. Was Verdeckschlitten.

Verdeckung. im Kriegsbau. Alle Verdeckungen wegräumen, 229.

Verdeckwagen, rig. Ztg. 1857. 285. f. Verdeck.

verdeiweln, ft. verteufeln, Geld, vertun, es zum Teufel gehen laffen.

Verdelach, die. Da fie die B. unter dem grünen Baum getrunken, 195. Ruffow. 86. Nach E. Pabft (379. I. 3. 262): Fahrtgelage, Reisegelage, Abschiedsgelage. Ein Gaftgelage als zu einem Valete nnde Verdelage angerichtet, ebba 57b.

verbeftilliren. Von jeber Tonne Branntweins, der daselbft verbeftilliret wird, 180. III. 2. 620.

verdeukern, selten, bafür gew. verteukern, von Deuker, Teufel (nur glimpflicher!). Wol nur mittelwörtlich: verbeukert oder verteukert, b. h. verteufelt. Verdeukert, verteufelt auch in Aachen. vgl. 161.

verdeuten. In Grimms Wtb. nach Stieler (1691). Ich hätte, sagen fie, 15 Artiful der Privilegien gefährlich verbeutet, 352. XXX. 3. J. 1605.

verdeutschen, deutsch werden u. deutsch machen. Verbeutschte Letten. Gew.

Verdeutschung. Deutschwerden und Deutschmachen. Die B. einiger Ruffen und vieler Letten.

verdezen, den Hinteren verhauen, 390c. 105.

verdichten, bicht machen. Für bas Gebänden und Verdichten der Tonnen, 281. 43.

verdibeln, bei Sallmann (390c. 105. und 113) verdiebeln: vertun, verplämpern, vergeuden.

Verdienft. Gadebusch (325) fagt, „es fei fächlichen Geschlechts, wenn es meritum, männlichen, wenn es lucrum bedeutet. Der Herr Fiscal Cuppel schreibt in Sachen der anzischen Kirchenvorfteher wider den Herrn Affeffor von Spalcka ber sehr lächerlich: wenn ein ehrlicher Mann, der in der Rechenschaft einen wahren Verdienft fuchet —. Er hat fagen wollen, ein wahres Verdienft. Allein mit der Grammatik hat sich Cappel von Jugend auf erzürnet." Wie schon Gadebusch und wie Grimms Wtb. angibt, gebraucht auch die bessere Sprache in Livland das Wort; die ungewälte verwechselt oft genug das Geschlecht. Auf V. beurlaubte Bauern, 147; auf V. gehen, Stender; auf V. abgelassene Erbleute, 172. 1796. 456. vgl. Verbienstlichein.

Verdienstadel, der, durch den Statsdienst erworbener Adel. Wird geringer geachtet als der ererbte oder Erbadel. In derf. Beb. Dienstadel. Brandes? — ist gar kein Adel. Vielleicht Verdienstadel — diese Klasse Menschen ist mir nicht bekannt, bald. Novellen I. 34.

verdiensten. Sollen ihre Höfe — zu verdiensten schuldig sein, 192. II. 199; daß jeder mit Pferden und Knechten versorgt sein solle, damit er mit selbigen seine Güter verdiensten könne, 367. 201/2 nach Privil. Sig. v. 1561.

Verdienstjahr, der Predigerwittwen. Nach dem älteren Rechte stand (außer dem sog. Trauer- oder Gnadenjahr) der Wittwe eines Predigers noch das sog. Verdienstjahr (annus meriti) zu, d. i. der Genuß der Einkünfte der Pfarre bis zum 1. Mai nach dem Tode des Predigers, 154. II. 101.

Verdienstschein, Schein oder Paß, welchen Gutsgehörige erhalten, um sich in Städten oder sonst wo aufzuhalten und dort ihr Fortkommen zu suchen.

Verdienstung. Vier Sachen seind, die echte Roth heißen, nemlich Gefängniß, Krankheit, Verdienstung seines Gutes und außer Landes, 194. R. R. b. F. E. 175. Im R. und L. R. I. 10. 5 steht dafür: Verroßdienstung seines Gutes.

verdisteln, verbüsteln, vertüfteln, Geld, Vermögen: vertun, verleben. Gew. In Grimms Wtb. verbüsteln, durch Düfteleien zu Grunde richten; vgl. ebenda bifteln.

Verding st. Ferding. Sechs Weissen oder Verdinge, 349. XIV. 1. J. 1705.

Verding, Abmachung. Ein darüber getroffener V., 350. XXV. 4, Abmachung mit einem Handwerker; einen V. treffen, 365. J. 1669; muß bei dem Verdinge bleiben, 330. 4. Zu Grimms Wtb.

verdisteln. Der Acker ist ganz verbisstelt, mit Disteln ganz bewachsen.

verdobbeln, verspielen. Verdobbelt ein Knecht seines Herrn Gut, 194. R. R. b. F. E. 166.

verdommeln, von Blüten und Sämereien. In feuchter Witterung darf man keinen Aurikelsamen abnehmen, er vermolbert und verdommelt sonsten gewiß, 474. II. 131/132; die Blumen verdommeln, ebba 177.

verdompfen. Hupel erklärt 1) dumpfig, z. B. in dieser Stube riecht es verdompfen. Ebenso in 210. Dies verdompfen kommt von mhd. verdimpfen. 2) verdeckt ob. bedeckt, z. B. das Fleisch verdompfen kochen lassen. Grimms Wtb. führt dieses verdompfen auf verdumpfen zurück, verweist aber zugleich auf verdämpfen. Wir können es wol nur von letzterem gebildet haben; es entspricht dem in Deutschland üblichen verdämpft, d. h. im Dampfe gekocht. Stender I. 43 erklärt: tief, hohl, z. B. Kupfer klingt verdompfen, nicht hell. Dieses verdompfen ist eine schlechte Bildung von verdumpfen, d. h. dumpf werden.

Verdompfenheit, Dumpfigkeit, eines Kellers, eines Klanges.

verdonnern, einen, tüchtig mitnemen besonders mit Schlägen, aber auch Worten. Sallmann (390c. 113) sagt: verdämmern in gleichem Sinne, d. h. verhauen' mit verdonnern, verbrühnern, verfeuern, verkacheln, verkeilen, verknallen, verracheln, verwettern u. a. Indessen erklärt er (ebba 105) verdonnern mit: heftig losschlagen; ausschimpfen; verurtheilen. Bei uns beziehen sich verkacheln, verkeilen, verknallen nur auf Schläge.

Verdonnerung.

Verdorbensein. Beim Landvolk im Drel'schen Gouv., wo Hysterie unter dem Namen von „Verdorbensein" bei den Bauermädchen und Weibern häufig genug zur Beobachtung kommt, 372. I. 340. Alle Arten des „Verdorbenseins" können jedoch schwerlich als Hysterie angesehen werden. vgl. derben.

verdranen, branig werden, 390c. 105. In welcher Bedeutung?

verdrecken, zh. und zL, schmutzig machen und schmutzig werden. Verdreckte Kleider; in verdrecktem Zustande; seine Kleider verdrecken.

verdreschen, 1) einen, verprügeln, derb prügeln. 2) bei Sallmann (390c. 105) auch: durch Ausbruch gewinnen.

verbreswoniren, bei Sallmann (390c. 105) als studentisch angeführt: einen Verweis ertheilen. Richtiger ist: verdreswoniren, ebba 113, von russ. тревожить, трево́жить drei Mal mit allen Glocken läuten oder von тревога breimaliges

2

Läuten. Das ruff. Wort läfft im flu=
bentifchen Wort bie von Saßmann an=
gezeigte Bedeutung nicht finden, auch
nicht erklären.

verbringen, verfchwellen, im Ganzen
an= ober aufbringen. Verbrungen fein
im Gefiht, Stenber; mein Auge ift ver=
brungen.

verbriften (—), fich, fich erbreiften.
Sie verbriefteten fich, 194. Ryft. 89; fich
verbrieften, 195. Hennig Chr. 270; fich
verbrieften, 241; follte Jemand fich
verbrieften, 185. 114 unb öfters.

Verbreiftung (—). Thörliche Verbrie=
ftung, 194. R. R. b. F. C. 107.

verbritteln. Die Speife = Portionen
wurben verbrittelt, b. h. brei Mal klei=
ner gemacht.

verbrönern. Bei Saßmann (390c.
105) verbröhnern, bumpf bröhnend ver=
hauen.

verbrücken, unterfchieben von zerbrücken.
Kiffen, auf benen man fitt ober liegt,
verbrückt, einen Wurm zerbrückt man.
Wozu bas Bettzeug aufklopfen, wenn es
gleich wieber von bir verbrückt wirb?
Ein Kleib verbrücken, burch Sitzen auf
bemfelben; ein Sammelmantel ver=
brückt fich, burch Sitzen im Wagen.

verbrungen, ft. verbrängt. Verfagt u.
verbrungen, 192. II. 2. 177.

Verbrungenheit, bes Gefichts, ber
Wange, Anfchwellung.

Verbruß, ber. Sich Verbruß im
Leibe tun, 444. 75, was Verbrieß,
Schaben. — Sehr gewöhnlich b. Beb.
von Rückgratskrümmung, insbefondere
in b. Frauenfprache. Einen B. haben,
fchief ober pucklig fein. Zu Grimms
Wtb. 2). vgl. hohe Schulter.

verbruften, verbriften. Es foll fich
Niemand verbruften allhie zu fetzen, 241,
fich unterftehen, fich niederzulaffen.

verbuben, in Lenz Bußprebigten,
nach Gabebufch (325), ber eine Stelle
anzieht. Diefe Bußprebigten find er=
fchienen 1756, gehalten aber in ben
Jahren 1742—45. Chriftian David Lenz
war bamals Prebiger zu Setzwegen in
Livland. In Grimms Wtb. nur ein
Beleg aus Göthe.

verbubbeln, in Kleinigkeiten vergeu=
ben ob. verberben, 390c. 105. Zu Grimms
Wtb.

verbubeln, nach Saßmann (390 c. 105)
basfelbe was verbibeln. Bei uns: Zeit
verbubeln, vertröbeln; Gelb, verfchwen=
ben, aber auch: vertrinken; eine Sache,
burch Läffigkeit verlieren. Wie in Grimms
Wtb. nach Munbarten.

verbuffen. verbummen, buff werben.

verbuften. Sein Vermögen ift ver=
buftet ober verbuftete, ging verloren,
in bie Lüfte.

verbumpfen. Das Getreibe verbumpf=
te, 176. 1837. 170; von Kellern, bum=
pfig werben. Zu Grimms Wtb.

Verbung, ber, Verbing. Daß er ei=
nem Lithauer nach Verbunck nicht zalen
wollen, 349. XXI. 1. J. 1639/40. In
Grimms Wtb. nur nach Heinfius.

verbunifch, ehemals oft ft. überbünifch.
Das Verbunifche Herzogthum, 338, Liv=
lanb; in bem Verbunifchen Fürften=
thum, ebba.

verbunfen, aufbunfen. Sein Geficht
ift verbunfet, burch Trunk.

verburften. Verburftet unb verhun=
gert fein, ausgeburftet 'unb ausgehun=
gert. Zu Grimms Wtb.

verbufeln, 1) bie Zeit, ben Tag, im
Dufel hin= ober verbringen; 2) zl., fchläf=
rig werben. Ganz verbufelter Menfch,
ganz fchläfriger Menfch; verbufelte Au=
gen. Saßmann (390 c. 105) erklärt:
bufig werben; aus Dufigkeit vergeffen.
Zu Grimms Wtb.

verbüfeln, zl., bufig, benommen werben.
Mein Kopf ift mir ganz verbüfelt.

verbufen, verträumen, verfchlafen. Sein
Leben verbufen.

verbüftern. Mann von unverbüfterter
Klarheit, 176. 1831. 49.

verbutt, benommen, bebutt. Ganz ver=
butt fein.

verbutzen, einen, ftutzig machen. Auch
in Pofen, vgl. 163. In Grimms Wtb.
nur als Mittelwort. — Bei biefem in
feinem Stamm (butzen, bautzen) bunklen
Wort ift vielleicht zu erinnern an lett.
fabuhzis, bas Ullmann (411) erklärt:
nicht ganz klar, bewölkt, umwölkt, Sten=
ber aber: unmutig, kurlofig, niederge=
fchlagen.

verbwatfchen (v), 1) bwatfch, albern
werben; 2) bwatfch machen.

vereggen, mit ber Egge verarbeiten,
390c. 105.

Vereibigter, Gefchworener. Die Blan=
ten (l. Blankette) für biefe Angaben
werben in ben örtlichen Renteien von
ben Vereibigten, welche Stempelpapier
verkaufen, ausgereicht, 486. 1888. 14.
Eine Überf. b. ruff.

vereinerleien, ibentificiren. Gew. In
Grimms Wtb.: gleichmäßig machen.

Vereinerleiung, Ibentificirung. Gew.
In Grimms Wtb. ohne Erklärung.

vereinigen. Schragen ber vereinig=
ten Ämter in Wolmar, 237. J. 1853.

Vereinigte Ämter sind solche Zunftverbände, wo die geringe Zal der Meister die Errichtung abgesonderter Verbände nach der Handwerksgattung nicht gestattet, ebba 3.

vereinnamen, einnemen. An Renten vereinnahmt 200 R., verausgabt 10 R. Gew.

Vereinnamung, von Geldern.

vereinschaften, zu einem Comité vereinigen. Sie vereinschafteten aus ihrer Mitte zehn Personen; die Gewälten vereinschafteten sich, bildeten ein Comité.

Vereinswesen, das. Das V. blüht in Riga; früher nur unter den Deutschen, jetzt auch Letten, weniger unter den Russen.

vereinundgleichen, identificiren. vgl. einunbgleich.

Vereinundgleichung, Identificirung.

vereinundselben, identificiren.

Vereinundselbung, Identificirung.

Vereintum, das, Associationswesen.

vereinzeln, im Einzelnen? Die Russen durften nur im großen Jahrmarkt verlaufen; nämlich vereinzeln, 180. III. 1. 106.

vereisen, sich mit Eis überziehen, 390c. 105.

verenbigen. Die Fäden an der Kante des Gewebes sind schlecht verenbigt, d. h. an ihren Enden schlecht verfestigt, verknüpft und dgl.; die Fäden an einem gestrickten Handschuh, d. h. die Enden mit einander verknüpfen, zusammenknoten.

Vererbpachtung. Der estländ. Landtag v. 1886 beschloß, eine Verordnung über Vererbpachtungen höheren Orts zur Bestätigung vorzustellen. rig. Ztg. 1887. 252.

Vererbung. Ein Grundstück auf zwei Vererbungen in Pacht genommen haben, 416. 35; durch Eintritt der dritten Vererbung, ebba, d. h. beim Ableben des auf dem Pachtstück in der dritten Generation inne gehabt habenden Pächters.

vereschen, einen, richterlich vorladen, 194. R. R. d. F. S. 139.

verfacssen, die Zeit, vertändeln, mit Facssen verbringen. In 390c. 105 verfacssen, mit Facssen quälen.

verfallen. Der Abfall gedachter Münze mehret noch und verfällt in diesem 1668 Jahre mehr und mehr, 349. XI. 8. J. 1666. b. h. die Entwertung nimmt zu. — Da einer durch den Todesfall oder sonsten verfallen würde, 193. II. 28, „ausfallend."

Wolle von verfallenen Lämmern, b. h. verworfenen, sog. Sterblingen.

verfällen. Sollen sie ihre Besoldung verböret, verbrochen und verfället haben, 192. II. 2. 176; sein Landgut der Obrigkeit verfället und verbrochen haben, ebba 178.

Verfallung. Bei poen 2 Thlr. und Verfallung der Arbeit, 349. II. J. 1637, dem Gericht verfallen.

verfalzen, Dachplatten, zusammenfalzen.

verfänglich, ehemals oft st. vorfänglich, nachteilig. Die verfängliche Handlung in der Vorborch, 349. XX. 3; verfängliche Vorläuferei, 185.

verfaren, Wege, Straßen, durch Wagen sperren. Der Weg war uns durch die Fuhrleute ganz verfaren; die Straßen sind verfaren, durch viele Farende versperrt, ein Durchkommen schwer; das Verfaren der Straßen ist verboten.

Verfass, der. In V. kommen, in schlechte Verhältnisse, in Armut.

verfegeln, was verficken, verknacken.

verfegen, herunterputzen, abprügeln, 390c. 105. In Livland: einen, fegen, derb mitnemen.

verferkeln, versudeln, Kleider, Geschirre, Zimmer. — Die Sau hat verferkelt, unzeitig geworfen.

verfetten, ganz fettig werden. Das Futter der Mütze ist ganz verfettet.

verfeuern. Ein sehr gew. Wort in vielfacher Anwendung. 1) einen, ihm gut geben, 324; mit Worten, Schlägen derb mitnemen; ihn verhauen, verdämmern. Die Preußen haben die Franzosen 1870 tüchtig verfeuert. 2) eine Speise. Wir wollen den Schinken verfeuern, tüchtig von ihm essen oder ihn aufessen — 3) eine, verficken. 4) sehr verfeuert aussehen, durch Liebesgenuß, Krankheit und dgl. sehr angegriffen.

Sallmann (390 c. 105.) sagt: trs. u. refl. heftig gegen etwas stoßen, schlagen; auch nb.

Verfeuerung. Im Sinne des Zw. — Eine V. machen, tüchtig essen oder trinken, eine Vertilgung.

verficken, eine, so viel beschlafen, daß sie angegriffen, mitgenommen aussieht.

verfinnen, viele Finnen im Gesicht erhalten. Ganz verfinnt sein. Von Schweinen, finnig werden.

verflauen, auch zh.: flau machen. Die Kriegsgerüchte waren nicht im Stande, die Börse zu verflauen. In kaufmännischer Sprache.

verflechten, verzäunen, Stender.

verflechten, mit Flechtenausschlag sich bedecken. Sein Gesicht ist ganz verflechtet.

verflecken, fleckig werden. Verfleckt, 174. 1868. 191. J. 1668.

verfleigen, „daß man zu einer Stelle nicht ankommen kann." Stender I. 116. Die Gestaltung fleigen ist mir nur aus Stender bekannt. f. verflijen.

verflicken, ein Kleidungsstück. Ein verflickter Rock, vielfach geflickt.

verflibbern, 1) leichtsinnig, besonders durch Putzsucht, durchbringen. 390c. 105. — 2) Ein verflibbertes Mädchen, d. h. sehr flibbrig und durch vieles Flibbern leichtfertig aussehend; ganz ins Flibbern geraten.

verfließen. Ein Brauer, weil er den — im Kruge gefluchet, daß er nebst all den ihrigen verfließen sollte, 349. XXI. 1. J. 1649/50 —. Die Feistigkeit des Mistš verfleußt mit dem Schneewasser in den Gesipten oder Gebrechten, 329. 22. — Lichte verfließen, verlaufen.

verflijen, 1) bei Sallmann (390c. 105) verfliesen, schichtweise legen. 2) eine Stelle, einen Ort, durch Aufstellen oder Aufstapeln von Holz und Sachen unzugänglich machen, verfleigen.

verflisren, verputzen. In 390c. 105 verflisren, herausputzen.

verflogen. Verflogener Appetit, flüchtige Eßlust, die nicht befriedigt zu werben braucht oder gleich befriedigt ist. — Von einer verflogenen Kugel getroffen, 195. Hennig Chr. 249; indem kömpt eine verflogene Kugel aus dem Schloß, ebba 271. — Mährlein oder sonsten verflogene Chroniken, 194. Brandis 91.

verflöhen. Verflohter Mensch, mit vielen Flöhen.

verflunkschen, gedunsene Form bekommen, ausfließen, 390c. 105.

verfordern. Unser Zeug von Dorpt zu holen und zu verfordern, 351. XVII. 48, nach Brotze: ausfordern.

verfrachten, in Fracht geben ob. nehmen, als Fracht verladen, 390c. 105.

Verfrachtung. Von Schiffs Be- und Verfrachtungen hat —, 286; bei Verfrachtungen von Schiffen, 143; die Verfrachtung der Cajüte, ebba; die Be- und Verfrachtung eines Schiffes, 172. 1805. 536; ebenso in 287.

verfratzen, fratzenhaft werden. Ein verfratztes Gesicht. In Grimms Wtb. ein Beleg aus Göthe. Bei uns gew.

verfressen sein, sehr gefräßig. Ich weiß wol, daß ihr verfressen Kerl seid,

349. XI. 1. Ein fast gleichzeitiges Zeugniß, wie das in Grimms Wtb. aus Maaler angefürte: verfrässen. comesus; ein verfressener Mensch, im brem. Wtb. I. 453: vervreten. Auch auf Hunde und Katzen bezogen: sehr gefräßig. Bildlich: verfressen sein auf etwas, gierig auf etwas sein, begehrlich etwas wünschen. In Grimms Wtb. als noch jetzt mundartlich aus Nürnberg beigebracht.

Verfressenheit, Gefräßigkeit.

verfrieren, oft st. erfrieren. Verfroren aussehen, von Menschen, wie erstarrt; verfroren sein, frostig, stets frösteln.

verfristen. Verfristete Rückstände; die Zurückzahlung auf 5 Jahre verfristen, 172. 1832. 24.

Verfristung. Die V. der Rückzahlung, 172. 1832. 24; Verfristung einer Steuer, rig. Ztg. 1865.

verfrühstücken, zum Frühstück verzeren. Die Reisenden verfrühstückten die mitgenommen Butterbrode. 1880.

verfugen, zusammenfugen. Die Bretter der Dile sind schlecht verfugt.

Verfuhr, die, Hinfüren (von Waren) an einen anderen Ort, Transport, Verfürung.

verfüren, Leute, wegfüren, wegschleppen. Öfters in 338.

Verfürung, Verfur. Produkten-Verfürung, 147.

verfumfeifern, verfumfeien, in 390c. 42 und 105: verbumfeien.

verfünfteln, fünf Mal kleiner machen. f. verdritteln.

verfurchen. Verfurchtes Gesicht.

verfuscheln (v), durch Fuschelei verberben, 390c. 105.

verfuschern, verfuschen.

verfusfern, Zeug, zerfasern, 390c. 105.

verfutscheln, Hare, verwülen, in Unordnung bringen, 390c. 105.

verfuttern, 1) eine Wand mit Futterholz bekleiden, 390c. 105; 2) st. verfüttern.

verfüttern, 1) füttern, als Futter aufbrauchen. Ungebähnter Kaff taugt nicht zum Verfüttern. Zu Grimms Wtb. 3); in 390c. 105 dafür verfuttern, wie auch in Livland sehr allgemein. 2) übermäßig füttern und dadurch Krankheit verursachen, bei Thieren und Menschen. Kinder verfüttern.

Verfütterung. Der Bauer reißt oft das Stroh vom Dach zur V. — In Grimms Wtb. nur aus Abetungs Versuch.

vergabbern, gilt ebenso wie vergattern, in b. Beb. von vergittern oder auch durch ein Gitterwerk scheiben oder sperren, für unebel. Ebenso unebel Vergabberung f. Vergitterung oder Gitterwerk.

vergabbern, ehemals für versammeln. Dies im Kriegswesen bekannte Wort scheint mit vergabbern (vergittern) in keinem Zusammenhang zu stehen; vielleicht st. vergatten.

Vergabberung, Vergatterung, im Kriegswesen, Signal für die Soldaten, sich zu versammeln. Ist nur aus Gadebusch zu belegen. Die Anführer ließen zur Fortsetzung des Marsches Vergabberung schlagen, 180. III. 3. 300. In Grimms Wtb. Vergabberung schlagen oder blasen nur aus Freytags Bilder IV. 90.

vergalstern, 1) galstrig, ranzig, schleimig-schmierig werden, in galstrige Verderbniß übergehen, von Schinken, Häringen, Salzfleisch. 2) verschleimen. Seine Zäne sind ganz vergalstert, mit Schleim bedeckt. 3) übertragen: durch und durch übelsäftig werden. Von Menschen. Ganz vergalstert sein. 4) bildlich: ein ganz vergalstertes Mädchen, vergangen, abgeblüht.

Vergalsterung. In b. Beb. des Zw.

vergänen. Mittelwörtlich 1) ganz vergänt sein, gänerisch, beständig Neigung zum Gänen habend. 2) durch viel Gänen verzerrt. Dein Gesicht ist ganz vergänt.

vergangen sein, von Frauenzimmern, être passée, verblüht. — Die Flecken sind vergangen, ausgegangen.

vergangenjährig, vorjährig. Die vergangenjährige Ernte, rig. Ztg. 1868, b. h. die des vergangenen Jahrs. In 330. 14: in was für Äcker, alß in frischen, vorgangen Jährlichen oder 3 Jährigen Mist.

verganßen, gänsedumm werden. Sie ist ganz verganßt oder verganset.

Vergärung. Das eingemeischte Getreibe zur Vergährung bringen. Ausdruck der Brantweinsbrenner. Zu Grimms Wtb.

vergasen, Holz und Öl, in Gas verwandeln, 396. 1861.

Vergasung, des Holzes, Öls u. s. w.

vergeben, im Kartenspil. Ich habe (mich) vergeben. Gew. In Grimms Wtb. nur aus Adelungs Versuch.

vergeben, oft st. vergeblich. Vergebene Mühe; vergebener Gang.

Vergebungsbefehl, 180. IV. 208, Gnabenmanifest.

vergehen. Die Vormittagsstunden vergehe ich, verbringe ich mit Gehen oder Gängen. Ich habe keine Zeit zu vergehen, mit Spazirengehen hinzubringen. Sich einen Schmerz, besonders in den Beinen, vergehen, durch Gehen heben. Gew. Zu Grimms Wtb. 4. a. Die Luft vergeht mir; es vergeht mir die Luft, der Atem, ich leide an Engbrüstigkeit. Zu Grimms Wtb. 400.

Vergeher. Es wird von den Vergehern eine Geldstrafe genommen, 349. XX. 6.

vergerben, einen, tüchtig durchprügeln, sein Fell tüchtig besehen.

vergeßsam und **Vergeßsamkeit,** in derselben Beb. wie vergeßlich und Vergeßlichkeit. Gew.

Vergessung. Der König wolle der Stadt Riga ihre Bürger nicht in V. nehmen, 352. XXIX. 1. Zu Grimms Wtb.

vergießen. Der Zigelflur wird mit Kalk vergossen, b. h. Kalkbrei darauf gegossen, der die Zwischenräume füllt und die Steine verbindet. — Gekreuzte Dachbleche mit Zinn vergießen. — Jedes Eisen vergießt sich nicht gleich gut.

vergipsen. Eine Wohnung vergipsen und verrohren, 172. 1821. 5. Vergipsen, mit Gips ausfüllen oder zusammenfügen, 390c. 105.

Vergißmeinnicht. Auch russisch незабудь меня und незабудка.

vergißmeinnichtblau.

verglaßt, blind. Obgleich sie alles hörten, hatten sie doch verglaste Augen, b. h. sahen oder erkannten nicht die Verhältnisse.

vergleichsweise. Ein vergleichsweises Mehr in Anbetracht der Anzahl deutscher Unterthanen, 175. 1861. 682.

vergleiten, statt vergeleiten. Womit er und alle andern vergleitet waren, 192. VI. 100. J. 1582—85; Todtschläger sollen nirgends vergleitet werden, 194. R. R. b. F. C. 208; keine beschuldigte Kaufleute und Missethäter daselbst zu vergleiten, 194. V. 3. hist. mut. regim.; aus Königl. Jurisdiction und Hand, womit er (Taslius) und alle übrigen Egules vergleitet waren, 174. 1885. 155. J. 1588.

verglühen, durch Hitze verderben. Verglühte Zigel, auf einer Brandstätte, 174. 1816. 27.

vergnaben, vernagen, 390c. 106.

vergnaten, verlausen. Ganz vergnatt sein, in Läusen und Lauseiern starrend.

3

vergnubbern, bie Zeit, mit Knurren unb Querren verbringen, 390c. 106.

Vergnügler. Ungezählte Schaaren von Vergnüglern, 361. 1890. 112, Ausflügler.

vergnügsüchtig, vergnügungssüchtig.

vergnügte Feiertage! Als Wunsch zu ben Feiertagen oft, in bemf. Sinne von: fröhliche.

vergnügungssüchtig.

vergoldet, in ober von etwas, entzückt. [**vergolen,** in Grimms Wtb. vergohlen, einen Acker. Das Wort golen ist vermutlich slawisch; ruff. поголять, einen Baum abschälen. vgl. голять, голять. Die Weißruffen sprechen: ни голать бороду, wir rasiren ben Bart.]

vergotten, in Grimms Wtb. als veraltet unb burch vergöttern verbrängt angeführt. In Brockhaus Converf. Lex. XII. Ausgabe kommt es aber noch häufig vor. So Band XIV. 391 (Taufe): in ber luther. Kirche erfolgt biefe Weihe (bes Taufwaffers) burch bas Aussprechen ber Taufformel, woburch bas gewönliche Waffer in vergottetes, wunberwirkenbes Waffer verwandelt werbe.

vergranben, granbig werben, mit Granb überzogen werben, 390c. 106.

vergränzen, mit Gränzen versehen, 390c. 106. In Grimms Wtb. nur nach Thurneisser (1583). Mir nicht vorgekommen.

vergrasen, mit Gras über= ober be= wachsen. Wafferbätsche unb vergraste Stellen, 201. I. 429; bas Vergrasen ber Felber burch bie Weibe, 175. 1856. 172; ein Feld vergrast; bas Feld vor bem V. schützen. — In Grimms Wtb. nur aus Abelungs Verfuch unb erklärt: zu Gras werben. [**vergrätschen.** Grätschen ist vermutlich slawisch. vgl. гряст gehen, ein= herschreiten.]

vergrausen, zu Graus (grobem Staub) werben. Von 10 Säcken gekaufter Holzkohlen vergrauf't wenigstens ein halber.

vergriechen, zu Griechen machen, zu Rechtgläubigen.

Vergriechung, Überfürung zum griechischen Glauben, Gräcifirung.

vergrifen, verschmutzen, ruff. грязнять.

vergrifseln, burch Schaubern sich mit Gänsehaut überziehen, 390c. 106. Die Erklärung ungenügenb!

vergrolen. Fürst S., ber hier, als er sich bie Ungnabe ber Kaiferin zugezogen, seine alten Tage einsam vergrollte, 361. 1889. 169.

vergulaten, bummelig vergeuben, 390c. 106. Richtiger: in Vergnügungen unb luftigem Leben vertun. Von ruff. рялять.

verhabern, Holz, ein Brett, in kleine Stücke zertun.

Verhack, nicht blos bas als Zaun bienenbe abgehauene Gefträuch, sonbern auch ber burch solchen Zaun abgegrenzte Plaz selbft, 390c. 73.

verhäckern ober **verhäkern,** zl. ober sich, hängeu bleiben. Die beiben Wagen verhäckerten sich.

verhäbbern, verhebbern, zl. unb sich, hängen bleiben, sich verwickeln. Sein Rock verhäbberte sich am Wagen; er verhebberte sich in biefer Angelegenheit. Sich mit einem, in Feinbschaft geraten, sich verzanken.

verhaften. Güter, bie bem Credit= system mit Pfanbbriefen verhaftet sinb. Zu Grimms Wtb.

verhaken. Ein Lootfe, inbem er seinen Anker zu heben verfuchte, welcher sich in bie Ankerkette eines in ber Nähe befinblichen Dampfers verhakt hatte, 361. 1890. 88. Verhakt mit einem fein, eng verbunben, in einem gegenfeitigen Verpflichtungsverhältniß; insbefonbere von solchen Leuten gebraucht, bie von anberen nicht loskommen wegen Schulben u. anbrer Verhältniffe. Immer verhakt wonen, stets bei verschloffener Thür. — Ein Fenfter verhaken, hier u. ba für bas gebräuchlichere einhaken. Das Fenfter war von innen verhakt (burch einen Haken ober Anwürfe).

verhalen, erzälen, mitteilen. Einige Puncte in ber Urkunbe verhahlet ober weiter egtenbiret, 180. I. 2. 459. In Ruffows Chr. 109a: „vorhalen, erzählen, von haal Hehl, Geheimniß". f. verholen unb verhelen.

Verhalter. Will ber V. ihn (ben zurückgehaltenen Bauern) nicht egtrabiren, 192. V. 2.

Verhältnisbegriffe ober relative Begriffe heißen solche, beren Bebeutung auf einer Vergleichung mit anberen beruht.

Verhältnisbestimmungen sinb solche, welche einem Dinge ober Begriffe nicht an sich selbst, sonbern nur in seiner Beziehung auf ein Anberes, in einer Vergleichung mit bem Letzteren zukommt.

Verhaltung. Diese seine Woll verhaltung, 349. VIII. 3, Wohlverhalten.

verhammern, Sachen, unter Hammerschlag verkaufen. Außerdem wurden noch Partieen Hammel verhammert, 176. 1833. 106.

verhämmern, ein Clavier, durch starkes Spielen beschädigen oder verderben. — Einen, verhauen, durchprügeln.

verhandeln. Gewönlich ist die Frage der jüdischen Tröbler: haben Sie nicht etwas zu verhandeln? d. h. zu verkaufen. — Sich verhandeln, sein Vermögen im Handel verlieren.

verhängen, etwas, in Grimms Wtb. erklärt: zuhängen. Richtiger wäre: durch Vorhängen etwas schützen oder das Hindurchsehen verhindern. — Kleider verhängen sich, wenn sie lange hängen, d. h. verändern ihre Länge oder das Façon.

verhapern sich, sich verbrubbeln, ins Stocken geraten, im Sprechen, im Lügen u. dgl. Ähnlich: sich verhaspeln.

verharzen, Flaschen, die Wein, Flüssigkeiten enthalten, eingelochte Schwarzbeeren u. ä.

verhaschen. Die Stadt zu v., 194. Nyst. 75.

verhaspeln sich, sich leichtfertig in Ungemach oder Schwierigkeiten bringen; sich verbrubbeln.

verhäßlichen, zl. und sich, häßlicher werden.

verhauen, einen, tüchtig durchprügeln; einem Knaben den Hinteren. — Wälder, 195. Eichhorn hist. lett. 593, abhauen. — Tüchtige Waare in den Schrangen v., 270, hauen, aushauen. — Sich verhauen 1) im Fechten, einen felerhaften Hieb tun; 2) mündlich oder schriftlich einen Bock schießen.

verhauptwörtlichen, zu einem Hauptwort machen. Ein verhauptwörtlichtes Nebenwort. f. nu.

Verhausung, migratio, Gadebusch.

verheben 1) Hülfe beim sog. Überheben oder Verheben, 402. 343. Ich habe mich verhoben, durch Heben eines zu schweren Gegenstandes im Leibe Schaden getan. Gew. Zu Grimms Wtb. 5. b. — 2) Canapee mit einem verhobenen Kreuze, 273; eine verhobene spitze Nase, 172. 1767. 379; item Scharladen Hoicken und Röcke, verhobene und mit Perlen geputzte Gürtel, 309 b. J. 1593. In welchen Bedeutungen?

verheddern. Du verhedderst dich da in die alten Ritterzeiten, 175. 1855. 268. — Sich v., sich verwickeln, sich im Sprechen verwirren, nicht weiter können, sich verhaspeln, 390 c. 106. Sich im Disputiren v., sich nicht mehr zurecht finden u. dgl.

verheften. In der Abschrift waren die Bogen verheftet, sagt Brotze in 361. XVII, d. h. falsch geheftet. Zu Grimms Wtb.

verheftigen sich, exacerbiren, heftiger werden. Das Leibweh verheftigte sich, 372. II. 73.

verheisert, ganz u. langdauernd heiser.

verheizen, 1) Kolen, Holz, im Heizen verbrauchen. Viel Holz im Ofen verheizen. 2) überheizen, durch übermäßiges Heizen beschädigen, einen Ofen.

verhelen, erzälen. Was in obgemeldten Articula nach der Länge verhelet, haben wir —, 192. II. 2. 181. f. verhalen und verholen.

verhellen, eine dunkle Farbe durch Zusatz von Kreide u. dgl. heller machen. Bei Malern.

verheuern. Jetzt nur auf Schiffsvolk bezogen.

Verheurer, der, Seevolksverheurer, 364. 158.

verhexen. Hexenkraut, lycopodium selago, wider Verhexungen oder wenn Jemand soll verhext werden, 350. XVIII. 5. vgl. 372. II. 374.

Das ist ja wie verhext! wenn etwas nicht glückt oder nicht gelingen will. Gew.

Verhexung. Über Verhexung Klage anstellen, 166 a. 1/2. 420.

verhitzen. Ihre verhitzte Sinnen, 185. 484. Das Gut (Flachs) sei im Keller verhitzet, 365. J. 1668.

verhochdeutschen, etwas plattdeutsch Geschriebenes oder Gesprochenes hochdeutsch wiedergeben. Nur einige Schragen, wie die der Goldschmiede und Bäcker, scheinen schon früher verhochdeulscht zu sein, 174. 1860. 334, hochdeutsche Fassung erhalten zu haben.

Verhochdeutschung. Fand eine V. der meisten plattdeutschen Schragen Rigas schon vor 1600 statt, so erhielten sich doch einige in ihrer ursprünglichen Sprache bis ins vorige Jahrhundert, 174. 1860. 334.

verhöhen. Alle gesalzten Fische werden nach dem Brackhof geführt und daselbst gewracket und verhöhet, 92.

Höher bauen, aufziehen. Als die Stadt ihr Zeughaus bei der Stadtmauer und dem Jakobsmall etwas verhöhen wollte, weil wegen des Dachs Platt- und Niedrigkeit der Regen und Schnee allenthalben hineindrang, widersetzte sich der Gen. Gouv. von Fersen, weil solche Verhöhung sein Haus verfinstern und demselben den Prospekt benehmen würde, königl. Schreiben von 1683.

Verhöhung. Vor (für) Verhöhung vor (für) jede Tonne, 92, bei der Wrake. — Verhöhung des Zolls, 351. XXI. 1. 6; es muß keinerlei V. in solchem Accisezoll vorgenommen werden, 149. 109. — Höheres Aufziehen eines Gebäudes.

verhölern, st. verhölen, nach Grimms Wtb. nur mundartlich, z. B. in Holstein. Bei uns ausschließlich in Gebrauch.

verholen, erzälen. Als nun der Kgl. Maj. die Liefflande, wie oben im ersten Theile verholet, verwandt worden, 195. Henning Chr. 242. vgl. verhalen und verhelen.

Sich verholen, 195. Henning Chr. 243, sich erholen.

verholzen, einen, verprügeln.

[**verhonübeln.** Verhohnübeln, als deutscher Studentenausdruck in rig. Ztg. 1872. 130.]

verhotzeln, von Menschen, verschrumpfen, vertrocknen. Ganz verhotzelt sein. In Grimms Wtb. verhützeln.

verhübschen und **verhübschern,** einen Gegenstand, hübscher machen. Ein Mädchen hat sich verhübschert, ist hübscher geworden.

verhuschen (v), durch zu rasches, unordentliches Wesen verderben oder vergeuden, 390c. 106.

verhusten. Verhustet und verschnupft sein. Gew.

verinländern, zu einem Inländer werden. Da er schon lange aus dem Auslande zurück ist, wird er schon wieder verinländert sein.

verirden, von Lungenknoten, verkalken.

Verirdung, der Lungenknoten.

verjagern, durch zu starkes Jagen verderben, 390c. 106.

verjagen sich, „im Nachsetzen oder Verfolgen zu weit gehen," liest. Reimchronik. In Grimms Wtb. erst aus Luther.

verjährbares Object, 154. I. 269.

Verjahrung. Kirchenländer, worauf uralte Verjahrungen gekommen, 185. 291.

verjuchzen (v), einen Hasen, durch voreiliges Geschrei (Juchzen) aufjagen und dadurch verlieren.

verjuchze en ob. **verjuchzeln,** verjubeln.

verjuchzen (v), Geld verjuchzeiten.

verjudern, leichtsinnig verschlemmen, 390c. 106. — In Riga eher: leichtsinnig durch viel Faren und Reiten vertun.

verjugendlichen, jugendlich machen, durch Putz und Schönheitsmittel.

verjüngern, jünger machen. Diese Mutter vergüngert ihre Tochter, gibt ihr ein geringeres Alter. Gew.

verjuzen, versudeln; schmutzig machen und schmutzig werden.

verkabbeln sich, sich leicht verzanken, 390c. 106.

verkacheln 1) einen, derb verhauen, verkeilen. 2) verkaufen, verkeilen, ein Landgut oder Ware. 3) dumm und dwatsch werden oder machen. Verkachelt sein, dumm, beschränkten Geistes. 4) sich, sich verlieben, sich verschießen, in eine. 5) viel Holz, im Ofen verbrennen; einen Ofen, durch zu starkes Heizen beschädigen.

verkaden, eine Gelegenheit, sein Glück, verselen, versäumen. Gew. — Verkadt aussehen, verschissen, angegriffen und bleich wie nach Durchfall.

verkaffen, schwächer, zarter als verkaden. Eine gute Gelegenheit; verkadtst aussehen.

verkalken, von Lungenknoten u. Trichinen, verkreiben. — Durch Mörtel schließen, eine Öffnung.

Verkalkung, der Lungenknoten und Trichinen.

verkalmäusern, durch Kalmäusern versauern.

verkamen, verschimmeln. Diese ursprüngliche Bed. soll nach Grimms Wtb. nicht mehr nachzuweisen sein. Bei uns ist sie gewönlich. Das Bier ist verkamt, Stender I; Essig verkamt.

verkämmen. Das Stück Holz, welches unter den Balken liegt, und worauf letztere verkämmet oder eingelassen sind, 174. 1813. 291. Balken auf einander verkämmen, einlassen. Zu Grimms Wtb.

Verkammung, in Pierer's encycl. Wtb. Verkämmung. Verbindung zweier in rechtem Winkel über einander liegender Balken.

verkampeln, sich, sich verzanken. Auch in 390c. 106.

verkanfern, verlumpen, lankrig werden. Geht der Diener verkankert, so ist er lüderlich, rig. Ztg. 1880. 50, b. h. ist sein Anzug nicht ordentlich oder zerrissen.

verkanten, kantig behauen, 390c. 106.

verkaponiren, verderben, töten, 390c. 106. In Riga wol nur: verspeisen, aufessen, einen Braten, eine Wurst.

verkarren, Erde, auf Karren wegschaffen. Erde ausgraben und v., rig. Ztg. 1861. Bei Abtragung der Wälle Rigas oft gebraucht. Zu Grimms Wtb.

Verkarrung, der Erde. Oft.

verlatáien, in Saus und Braus vergeuden, leichtfinnig durchbringen, 390c. 106. Gelb, verschleudern; den Tag, in Saus und Braus verleben. s. lataien.

verlatern, 1) Sachen, an falsche Stelle bringen, 390c. 106, verlegen, verkramen. Eine Stube ist verlatert, d. h. die Möbeln sind unordentlich durch einander gestellt; der Sofa ist verlatert: hinter andere Möbeln gestellt, sodaß man zu demselben nicht gelangen kann. Eine Sache, durch herbeigefürte Unordnung, durch unordentliches Drunter u. Drüberstellen abhanden bringen, nicht finden können, verlegen. — 2) zertrümmern, zerschlagen. 3) verlatert sein, von heftigem Catarrh (Kater) ergriffen. 4) durch einen Rausch angegriffen werden. Verlatern, über den Nachwirkungen eines Rausches vergessen, durch einen Rausch in eine gedrückte Stimmung kommen, 390c. 106; „Verlaterte" vermehren ihren Kopfschmerz, besonders wenn sie sich bouchen, Dünazeitung 1891. 128.

verlatzen, Balken mit dem Katzeisen zeichnen, 390c. 106. In Riga: Balken verlatzen, zusammenlatzen, zusammenfügen; eigentlich: die Balkenenden zusammenfügen, russ. смыкать.

Verlauf. Der Ton fällt nicht selten auf Ver. Beim An- und Verlauf von Waren.

verlaufen. Ein Jagdwagen steht zu verlaufen, rig. Ztg. 1866; ein Haus ist zu verlaufen. Bemerkenswert wegen steht und ist. — Sich v., sich durch Kauf in Schaden oder um das Seinige bringen. Manche lettische Bauern haben sich im Pleskauschen verlauft, da sie nicht genug Geld zum Aufbau ihrer Häuser besaßen. Zu Grimms Wtb. 7). Sich verlaufen, Verräter oder Angeber werden durch Bestechung. Ein Mädchen verlauft sich, gibt gegen Geld ihre Ehre preis.

Verlaufung. In Verlaufung allerlei Kleinigkeiten, 87.

verlegeln, durch einander werfen; verhauen; zl., zusammenstürzen, 390c. 106. In Riga kaum!

verlehren, anders leren. Wer Gränzkreuz oder Zeichen auf andere Stätte bringt oder verlehret, 192. VI. 215. Zu Grimms Wtb. Bei Jemand verleren, bekannt sein und Besuche machen, fréquenter ql.; in einer Familie, in einem Hause verleren, dort Besuche machen, Umgang

haben. In Grimms Wtb. nur: „mit" einem verlehren.

Verkehrsminister und Verkehrsministerium, seit kurzem hier und da zu lesen. Daneben: Communicationsminister und Verkehrsministerium, für das gewöhnlichere: Ministerium und Minister der Wegeverbindungen, rus. пуяеĭ сообщенiя. Öfters auch: Wegebauminister und Wegebauministerium.

verkeilen. 1) die aufgesprungenen Böden der Fässer gehörig verkeulen, 103; die abgesprungenen Bänder der Fässer wieder aufsetzen und verkeulen, 304; die Fastagen deuchte zu machen, die Bänder verkeilen, das Öl umstechen, 296. — 2) durch Pflöcke schließen, eine Lade, Thür, eine Öffnung. 3) einen, verhauen; einen Stock auf dem Rücken eines Diebes v., durch starkes Schlagen zerschlagen. 4) ein Metallgefäß, durch Schlag oder Stoß, verbeulen. 5) verkaufen, ein Haus, Pferd u. dgl. Gew. In Grimms Wtb. als studentisch angefürt. In 390c. 106 auch: einstoßen, einschlagen; Bedeutung, die wol der unter 4) angefürten entspricht.

verketten. Zur Bedeckung der verketteten Balken, 180. III. 3. 482.

verkeulen, s. verkeilen.

verklibbeln sich, sich verzanken, spitziger als verklabbeln, 390c. 106. Auch in Riga gew.

verklichsen, das Bein, Knie, die Hand, durch ein unvorsichtiges Treten oder Greifen eine Zerrung der Gelenkbänder hervorbringen, etwas der Verrenkung Ähnliches. Sich den Fuß verklichst haben. Gew. vgl. überkichsen.

verklicksen sich, sich vergucken, 390c. 106.

verklissen, Eier, durch Stoßen einschlagen, 390c. 106; den Fuß, einknicken, ebda. In der letzten Bed. unser verklichsen.

Verklistung. Die V. des Glacis, 216. 1806. IV. 162; die B. der Brustwehr, 208. 281. vgl. Einkistung. Schon 1795 beim Eisgange der Düna wurde eine Brustwehr der Festung Riga durch eine Einkistung von Brettern, Balken und Mist erhöht; die Verkistung der Feldbrustwehr, 350. IV. 1795.

verkladdern, mit Koth beschmutzen, 390c. 106. In Riga kaum!

verklagen. Bergmann (210) fürt an: er verklug mich st. verklagte. Auch heute, doch unedel.

verklamen, erstarren. Im Munde Weniger. vgl. Grimms Wtb. Bei kaltem Fußboden verklamen die Füße, b. h. werden die Füße kalt. Meine Hände sind mir ganz verklamt. Die Wasserleitungsröhren verklamen, frieren ein. Im Hochb.: verklammen.

verklammen, 1) schmutzig feucht werben, 390c. 106. — 2) verquellen, nb. verklamen, ebba 43. In dieser Beb. auch in Riga. Die Schieblaben sind verklammt, durch Feuchtigkeit verquollen und baburch brang.

verklampen, klumpig, plump werben, 390c. 106. In Riga kaum!

Verklarung. Der Schiffer hat (wegen der beschädigten Wahren) eine gerichtlich beeibigte B. gethan, 349. XIX. Entscheid b. rig. Rats v. 1762. In Grimms Wtb. erst aus b. J. 1783. **Verklärung,** Verklarung. Die B. eines Schiffes, 289. b.

verklatschen (v), eine Wand, mit Lehm bewerfen, 390c. 106; Kacheln, bas Innere berselben beim Ofensetzen mit Lehm füllen. Da der Lehmbrei hineingeworfen wird, so gibt es ein klatschendes Geräusch. **Verklatschheit.** Klatschhaftigkeit.

verkleben. Die Maler sprechen: 30 Rollen Tapeten verklebt, b. h. mit ihnen die Zimmerwände ausgeklebt, ober beim Belleben verbraucht. — Die Augen verkleben mir jeden Morgen, sind jeden Morgen, wenn ich aufstehe, verklebt.

verkledern, Gelb, Raum, verschwenben. Zu Grimms Wtb.

verkledlich. Große und verkledliche Menge, 349. ll. J. 1660.

verkledsen, ein Buch, mit Tintenflecken versehen; ein verkledstes Tintenfaß. — Eine Mauer u. bgl., schlecht verschmieren mit Mörtel; eine Öffnung mit Lehm ober Mörtel schlecht schließen. **Verkledsung.** Die aus wunderschönen Kacheln zusammengesetzten Ofen mit Kalk getüncht! Natürlich hat die Entfernung dieser Verkledsung bebeutende Mühe erfordert, 361. 1889. 170.

Verkleidung, einer Wand, mit Bretstern.

verkleinbeutschen. Verkleinbeutschte Leiten und Esten. s. Kleinbeutsche.

verkleinen, verkleinern, ein Wort. Ebenso Verkleinung st. Verkleinerung.

verkleistern. Ihren Mitbürgern die Augen verkleistern, 215. 364.

Verklemmungsgefühl, in den Gelenken, 372. ll. 222. Steifigkeitsgefühl?

verkletern, bei Maurern, mit Mörtel verstreichen. Vermutlich st. verkletern. verschmeißen, verkledsen.

verklickern. Ein ausgetretener Schneibergesell, baß er seinen früheren Meister verklickert, 349. XXI. 1. J. 1628.

verklönen, bie Zeit, mit Jammern und Klagen verbringen, 390c. 106.

verklopfen, heftig ausprügeln, 380c. 106; Gelb, vertun, burchbringen. Ein Haus, meistbietlich verkaufen.

verklunkern, unordentlich und leichtfertig vergeuben, 390c. 34 u. 106; sich verschlingen, 390c. 34; sich in Jemand verlieben, 390c. 106. Verklunkert wie Hemd und U..., eng verbunden. 390c. 113. — Ziellos: klunkrig werben. Die Grütze ist durch Feuchtigkeit verklunkert. **Verklunkerung,** scherzhaft für Vereinigung, geselliges Zusammenleben. Weihnachten und Ostern ist große Familienverklunkerung. Auch Umarmung, Umärmelung genannt, 390c. 106.

verknabbern, vernagen, 390c. 106. Ein verknabbertes Gesicht, von Pocken zerrissen, narbig. Brot v., verknibbern.

verknacken, ein Mädchen, verficken. Ein verknacktes Frauenzimmer. — Sich ben Fuß v., verkicksen.

verknacksen. Leute, die ber Ehestand schon etwas „verknackst" hat, können mit dem alten unverwüstlichen Junggesellen nicht mithalten, rig. Ztg. 1878. 289. Beile.

verknallen, 1) einen, tüchtig burchprügeln, verhauen; heftig schlagen, 890c. 106. — 2) ein Gefäß, verbeulen. 3) verkeilen, verkaufen. Oft. — 4) Gelb, verausgaben. 5) eine, verficken. Verknallt aussehen, von Weibern.

verknappern, ein Kleib, burch zu große Sparsamkeit ober Knappern, verpassen.

verknausern, durch Knauserei verlieren.

verknautschen, durch Zusammenbrücken aus ber Glätte bringen, 390c. 106. s. verknutschen.

verknibbern, Brot, verkrümeln. Ein verknibbertes Gesicht, vermiggert, verschrumpft. In 390c. 106: verengen.

verknibeln. Ein verknibeltes Gesicht, verknibbertes.

verknickern, durch Knickern verlieren.

verknibbern, faltig zusammenbrücken, 390c. 106. Statt verknittern.

verknüllen, verknüllen, Zeug, Papier. In 390c. 34: zu Falten zusammenbrücken; in 390c. 34: verbrücken.

verknippern, mit kleiner, feiner Arbeit verderben, 390c. 106.

verknissern, lett. murlißt, Stenber I. 172.

verknobeln, verprügeln.

verknören, Zeit, knurrend hinbringen, 390c. 106.

verknoten, knotig verschlingen, 390c. 106. Die Schnur, die Fitze, der Faden, der Zwirn ist verknotet; das Band hat sich verknotet, hat Knoten, Schlingen gebildet, die sich schwer lösen lassen. Zu Grimms Wtb.

verknoten, ein Knot werden, das feine Benemen abstreifen, ein knotiges annemen.

verknöten, verknüpfen, Stenber I. 156.

verknuddern, zerknillen, chiffonner, Bergmann (210).

verknuffeln, verwirren, verknoten, 390c. 106.

verknuffen, mit Stößen tractiren, 390c. 106.

verknullen, in Knulle bringen oder verwandeln.

verknüpfen. Daferne sich die Wittwe mit einem Gesellen verknüpfte, 244. Zu Grimms Wtb.

verknultschen (ᴗ), verdrücken, in Falten und Knülle bringen, Zeug, Sachen in einem Felleisen. Sallmann (390c. 106) hat es mit gedehntem u. vgl. verknültschen in Grimms Wtb.

verkochen, 1) so lange kochen, daß das Gekochte zerfällt, Fleisch, Kartoffeln. 2) durch zu viel Sieden verdampfen, z. B. die Suppe ist verkocht. In Riga kaum! Man hüte sich vor dem Verkochen des Wassers beim Wäschen, weil bei dem Zuviellochen die besten Bestandstheile verloren gehen. Zu Grimms Wtb.

verlobbern, ver- und zerlumpen. Ein verlobberter Bettler; ein verlobberter Pelz. Ebenso in 390c. 106. In 390c. 35 und 106 auch: verunreinigen, verschmutzen.

verlöbern, im Munde Einiger f. verlobbern, verlumpen. Verlöberte Kleider.

verkohlen, durch Dummheit verwirren, verderben, 390c. 106.

verkohlen. Verkohlter oder versauerter Morastboden.

verkolfen sich, sich verkotzen, durch häufiges, starkes Erbrechen sich erschöpfen.

verkorken, bildlich: schließen, sperren. Während des Krimkrieges waren die baltischen Häfen verkorkt. Ich wollte in die Buden, sie waren aber, des Feiertags wegen, verkorkt.

verkrachen sich, in Jemand, sich heftig verlieben,

verkrakeln, durch schlechte Schrift verderben, 390c. 106.

verkrähwinkeln. Mit den Eigenschaften solcher vereinsamten und verkrähwinkelten Gemeinwesen, 465. 23.

verkramen 1) eine Stube, die darin befindlichen Gegenstände, Möbeln u. f. w. so stellen, daß alle Ordnung aufhört, alles drunter und drüber stellen. — 2) im Kopfe verkramt sein, nicht recht bei Verstande.

verkrampen, Fenstern, mittelst einer Krampe schließen. In 390c 107: mit Krampen versehen — was in Riga unbekannt ist.

verkränken. Würde ein Goldschmidt krank und verkrenkte es were woran es were, 241. — Einen sehr verkränken, sehr kränken.

verkraufen sich, sich verkriechen, 390c. 107.

verkratzen. Sich das Gesicht verkratzt haben, durch kratzen wund machen. In Grimms Wtb. nur aus Hippel.

Verkrebsung. Der Geheimerath Bergmann nimmt bei Kaiser Friedrich eine begonnene V. der Lunge an, Zeitungen vom April 1888.

verkreiben, in kreibige, kallige Beschaffenheit sich verwandeln. Von Luungenknoten.

verkrempen, Dachbleche. Das V. des Dachblechs, rig. Ztg. 1862. 63.

verkreuzen. Mit verkreuzten Armen, öfters st. gekreuzten.

verkrickeln, Papier, durch Krickeleien unbenutzbar machen.

verkribbeln, Zeit, verdrießlich krittelnd hinbringen, 390c. 107.

verkriechen. Dem in Üglüll verkrochenen Rest des bischöflichen Capitels zur Freude, 350. XI. 1. 6.

verkriffen, von Thüren, knarrig werden, 390c. 107.

verkrömern, Brot verkrümeln. Gew. Auch in 390c. 107.

verkrügen, Bier, 192. II. 173 und 215 (J. 1598?); Bier v., 185. 28; ob viel Bier ausser den Krügen bei den Bauern verkrüget worden, 329. 93; von dem verkrügeten Bier eingenommen. 349. 2. J. 1640/41; der Brantwein soll in den Krügen nur gegen Geld verkrügt werden, 176. 1828. 188; das Verkrügen von Brantwein in den Waarenbuden ist verboten, der Verschank.

verkrügern, verkrügen. Jährlich werden 18 Tonnen Bier verkrügert, 193. II. 1287.

verkrullen, kraus machen, 390c. 107.

verkrunkeln, Zeug, ein Kleid, Zwirn, verknillen, verschlingen. Sich v., von einer Fitze Garn.

verknäcken sich, in eine, gelinder als sich vergaffen.

verkugeln, ballotiren.

Verkugelung, Ballotement. Die V. über ihn ergab Folgendes.

verkulen, selten verkülen, b. h. vergraben. Korn verkuhlen oder vergraben laſſen, 329. 93; Korn vergraben oder verkühlen, ebda 60 und 62.

verkülen. Das Garn v. laſſen, 227. 308, ſich abkülen laſſen. Sich v., ſich leicht erkälten, eine leichte Erkältungskrankheit zuziehen.

Verkülung, leichte Erkältung. Sich eine V. zuziehen.

verkümmeln 1) zu viel Kümmel zulegen. Das Brot iſt verkümmelt. 2) auf eine ſchacherhafte Weiſe veräußern. Und allgemein oder ſcherzhaft: verkaufen. Grimms Wtb. fürt unter Kummerſchaft ein rotwälſches kümmern kaufen, Handel treiben an. Wir kennen weder kümmeln noch kümmern. vgl. in Grimms Wtb. verkümmern 2).

verkummern. Ganz verkummert ausſehen, von Kummer verzehrt, kummerhaft.

verkunden. Auf Geſtändigkeit des Beklagten verkundete Citation, 352. XXIX. 4.

verkunkeln, zerknüllen, 210. Vielleicht verdruckt ſt. verkrunkeln?

verkuppeln, eine, an einen, zu einer Heirat veranlaſſen. Sie iſt an ihn verkuppelt worden, b. h. hat ihn auf Anraten einer Freiwerberin geheiratet, nicht aus Liebe. Durchaus nicht in der Bedeutung: eine geſchlechtliche Verbindung vermitteln.

Verkuppelung, im Sinne des Zw.

verlabbern, 1) labbrig machen oder werden. Eine verlabberte Suppe, durch Zuguß von zu viel Waſſer; ein verlabberter Menſch. — 2) Geld, verlappern, albern und leichtſinnig vergeuden. Auch in 390c. 107. In Eſtland auch: mit dem Mund beſchmutzen; eine Angelegenheit verfahren. Ebenda.

verladen, einen Brief, einen Packen, mit Siegellack ſchließen.

verladen, Getreide, in Säcke, ins Schiff.

Verladung. Hafer hat zu 60 Kop. Verladung gefunden ſowol nach Riga als nach Libau, rig. Ztg. 1882. 192.

Verlag? Er hatte noch nicht Zeit, und vielleicht auch noch keinen Verlag

gehabt, ſich mit Lebensmitteln zu verſehen, 350. XI. 1. 59.

verlaken. Die Gurken ſind verlakt, in der Lake ertrunken.

verlamen. Es iſt ein Arm wegen vielfältiger Schläge verlahmet, 349. XI. 1. Des Alters wegen! In Grimms Wtb. verlähmen.

verlammen. Die Mutterlämmer verlammen bei ſolchen Verhältniſſen. In Grimms Wtb. verlämmen.

verlämmern, ſ. verlemmern.

verlanden, zu Land werden. Flußarme verlanden.

verlandſchen, landſches Weſen annemen in Kleidung, Haltung und Benennen. Gröber iſt: verbauern. Entgegen: verſtädtiſchen.

verlängern. Zuſammengeführtes Unkraut mit Erde verlängern, 330. 9; den Miſt durch Gras, Strauch u. dgl. verlängern, ebda, b. h. vermehren, die Menge vergrößern.

verlangſamen, langſamer werden. Der Puls des Sterbenden verlangſamt; durch Chinin die Blutbewegung verlangſamen.

Verlangſamung, des Herzſchlages.

Verlangzettel. Bei Buchhändlern.

verlappen, Geld, leichtfertiger Weiſe ausgeben, 390c. 107. Hiernach in Grimms Wtb.

verlappern, Geld, leichtfertig und für Kleinigkeiten (Lappereien) vertun. Zeit verplappern, mit Lappereien verbringen oder verſäumen.

verläppiſchen, 1) läppiſch machen oder werden. 2) Zeit, mit Läppiſchtun hinbringen.

verlarmen, 379. III. 180. J. 1576, von E. Pabſt erklärt: Händel haben.

verlaſchen (v). Die Schienen der Hauptbahn ſind ſämmtlich verlaſcht mit 16 Zoll langen Doppellaſchen von je 7 fl. 414. 1861; die Schienen der Pferdebahn ruhen in den Stößen unverlaſcht auf Unterlagsplatten, ebda.

Verlaß, der. Es iſt kein Verlaß mehr auf die jungen Leute heutzutage, es iſt gar kein Verlaß! 361. 1884. F. V. 50, 200.

Verlaſſenſchaftsverzeichniß, 154. II. 379.

Verläſſigkeit. Mit möglichſter V. die Bevölkerung ermitteln, rig. Ztg. 1681. 205, Zuverläſſigkeit, Genauigkeit.

verläſſlich, iſt einer, auf b. man ſich verlaſſen kann, unverläſſlich b. Gegenteil. ruſſ. благонадежный. Alle неблагонадежные follen aus dem Dienfte entfernt werden, Allerhöchfter Befehl v. 1879.

Berläfflichkeit und **Unverläfflichkeit**, eines Beamten.

Berlaffung oder Auftrag, 154. II. 379. — Ohne B. eines Teftaments, 172. 1785. 122, Hinterlaffung.

verlaften, verfrachten, 390c. 107.

verlatfchen (—), Zeit, fich rekelnd verbringen. — Schuhe, durch latfchigen Gang ausweiten, 390c. 107. Danach in Grimms Wtb.

Berlaubung, Erlaubnifs. Ohne conceffion und verlaubung hoher Obrigkeit, 174. 1890. 268 aus d. J. 1668.

verlaufen. 1) da einem feine Gefinde ausftürben, verlieffen, und die Lande wüfte worden, 192. II. 215; obgleich die Gefinde verlaufen oder wüfte worden, ebba; er mufste die Lande wieder verlaufen, 215. 485, verlaffen; — 2) von Aurikeln und Nelken, öfters in 474. Sie blühen ganz falfch, verloffen, 474. II. 160; — 3) von Lichten, zl. und fich. Die Lichte verlaufen (fich), d. h. fie laufen (fließen) ftark, der Talg oder das Stearin fließt herunter, die Lichte brennen dadurch fchnell zu Ende.

verlaufen, Läufe bekommen in großer Menge. Ein verlauftes Kind, voll Läufen.

verlautbaren, einen Bot, eine Forberung.

Berlautbarung. Zur B. des Bots u. Ueberbots; zur B. ihrer Mindeftforberungen, rig. Ztg. 1858. 111.

verleben fich, fich verzehren: mehr ausgeben, als einnemen.

verlebern, zl. und fich, hepatifiren, von der Lunge des Menfchen und des Biehs. Die Lunge des Kindes war oder hatte fich verlebert.

Berleberung, der Lunge, Hepatifation.

verlecken. Unachtfam mit Bergießen oder Berlecken umgehen, 268, Bier betreffend. Berlecken, durch einen Leck auslaufen, 390c. 107; durch Lecken mit der Zunge verderben, ebba. Zu Grimms Wtb.

verledern, einen, verhauen, verprügeln. Ebenfo in 390c. 107. Zu Grimms Wtb.

verlegen. 1) die Krüge an den Landftraßen mit allerley Nothdurft verlegen, als Brod, Käfe, Bier u. f. w., 328. 6; zu jeder Poftftation find mehre Güter verlegt, 350. XVIII. 5, b. h. müffen für fie forgen; — 2) Gas- oder Wafferrören, legen. — Das Berlegen der Röhren für das Gaswerk übernehmen, rig. Ztg. 1861. Die Schienen find auf Lang-

fchwellen verlegt, 414. 1864; — 3) die Sandbänke und Untiefen der Düna verlegen fich alljährlich mehr oder weniger in Folge der Eisgänge, 174. 1861. 112; — 4) einem die Tage vorlegen ob. verlegen, 194. R. R. d. F. E. 168, die Gerichtszeit gebührlich anfetzen.

verlegen, Mw. von verliegen! Berlegen fein oder werden gew. in einer, in Grimms Wtb. nicht angegebenen Bedeutung. Ein Mädchen wird verlegen, wenn ein Herr ihr eine zu auffällige Schmeichelei oder etwas Anftößiges vorbringt, wenn ein Herzensgeheimnifs befprochen wird und dgl.; man wird v., wenn man über einer Lüge ertappt wird und dgl. Dies Berlegenfein oder werden ift kein Zuftand, in dem man nicht weiß, wie fich helfen, wie fich benemen, fondern ein Zuftand leichten Schamgefüls. f. Berlegenheit 2).

Berlegenheit 1) in der gew. Bedeutung von: Schwierigkeit, Bedrängnifs, fchwierige Verhältniffe. Ebenfo gewönlich 2) in einer Bed., die in Grimms Wtb. nicht geliefert ift: Zuftand einer gewiffen Befchämtheit, Schamgefül, bei dem Schamröte ins Geficht tritt oder die Augen niedergefchlagen werden. Eine Dame wird in B. gebracht, kommt in B., wenn ein Herr eine zweideutigkeit oder etwas Anftößiges äußert; fo wie ein Herr mit ihr fpricht, gerät fie in B.

Berleger. Ein Bierverleger wird gefucht, Riga, 1890; gefucht wird für eine Bier-Niederlage in Libau ein tüchtiger Berleger, der das Gefchäft für eigene Rechnung übernehmen will, rig. Tagebl. 1890. 267. — Gasrohrverleger.

Berlegung, von Gasröhren.

verlehmen, eine Fuge im Ofen, mit Lehm verfchmieren oder fchließen.

verlehnen. Ein Gut verlehnen mit Hand und Munde, 194. R. R. d. F. E. 148. vgl. 193. I. 3, und 157. II. 192.

Berlehnung. Die B. gemeiner Stadt Lehen-Häufer, 344. 1.

verleimen. Ein fehr gewönliches Verfaren der Tifchler ift, Schnittwunden zu verleimen, mit flüffigem Leim zu verkleben.

Berleimung. Die B. des Tifches ift losgegangen.

verleiften, in Grimms Wtb. unrichtig erklärt: mit einem Leiften verfehen, ftatt: mit einer Leifte oder mit Leiften. Bei Tifchlern insbefondere: ein Fenfter verleiften.

Berleiftung, von Fenftern und Türen.

verleitlich, irre fürend, täufchend. Berleutliche Fallftricke, 30; untaugliche Dienftboten dürfen bei Strafe keine günstigen oder irgend verleitliche Atteste erhalten, 154. II. 257.

verlemmern, Sachen, verkramen.

verlempern, Zeit, vertrödeln, vernuscheln.

verlendigen. Was nun von den vorberührten Gütern verlendiget, 200. II. 13. Falsch für verledigen, ledig werden?

verlesen. Ein verlesenes Buch, abgegriffnes, durch Benutzung beschädigtes.

verletten, 1) zu einem Letten werden, in Sitte, Sprache, Denkart. Sie selbst verluthern und verletten endlich, 370. II. V. 349. Wir haben versucht, die russischen Inchoativformen luteraniju und latyschejut (etwa analog lutheranescunt und letticiscunt) zu verdeutschen, ebba. — Diese Ausdrücke sind aber bei uns alle Tage zu hören, ebenso wie verrussen, verdeutschen, verpolen, veresten, verbauern; — 2) zu einem Letten machen. Die Ueberzal der Letten verlettet die wenigen dort sich aufhaltenden Esten. Seltner als die vorige Bedeutung.

Verlettung. In den Bed. des Zeitworts.

verleugnen. Dies Wort ist in Grimms Wtb. ausgelassen, ebenso wie Verleugner und Verleugnung.

verlicentiren, verzollen. Wenn 50 Ellen holländ. Laken nach der alten Taxe von 150 Rthlr. verlicentiret worden, 174. 1832. 383. J. 1681.

verlib, spr. ferrlib, fl. fürlieb oder vorlieb. Verlieb nehmen, 328. 129. Noch heute gew.

verligen. 1) ein Bett, durch Ligen auf demselben zusammendrücken, in Unordnung bringen; — 2) ein Glied des Körpers, durch Ligen vertauben, 390ᶜ 107. Ebenda unverständlich: zur Schmerzempfindung bringen; — 3) seine Zeit, durch Ligen, Lobbern verbringen; — 4) durch langes Ligen verderben oder an Wert verliren. Um das Verliegen des Korns zu verhüten, 416. 108, Schaden erleiden durch lange Lagerung, Waarenlager, das nicht alt und verlegen ist, 172. 1793. 237; Wolle, Zeuge verligen sich, verderben, verliren an Farbe, Haltbarkeit und dgl.; — 5) alte verlegene Schuldbriefe, 194. R. R. b. F. E. 196.

verlischen (—). Die Blätter der Rohrkolbe werden von Böttchern zum Verstopfen der Fugen (Verlieschen) gebraucht, 434. 571.

verlisen, den Zorn und Unwillen, 351. XVII. 19, nach Brotze: fallen lassen.

verlitten. Sehr verlitten aussehen, durch vieles Leiden angegriffen.

Verlöbnißleute, Stender I.

verlobbern, 1) durch Lobbern, Säumen verbringen oder verlieren, Zeit, Vermögen; — 2) durch Lobbern, Faulenzen ganz träge werden. Verlobbert „in Müssiggang versunken", Worterklärung zu Rußows Chr. (195): vorlobbert, von lobbern müssiggehen. — In Deutschland wol verlottern, welches nach Grimms Wtb. selten scheinen könnte, obgleich es dort gewönlich ist.

verlobern, wie Kohlen, Stender. vgl. Grimms Wtb.

verlöffeln, löffelweise aufbrauchen. Der Schmand (hat sich) gut verlöffelt, ist schnell verbraucht worden.

verloren Hun. s. Hun.

verlorene Eier, eine Art Spigeleier oder Ochsenaugen. Frische Eier werden behutsam in kochendes Wasser geschlagen, welchem eine gewisse Menge Essig hinzugefügt ist, und so lange drin gelassen, bis das Weiße sich zusammengezogen hat. Sodann in kaltes Wasser getan auf flacher Schüssel. Man kann verlorene Eier auch in Suppe legen, 155. I. 284 und II. 270.

verlorene Alsuppe. Die Hamburger Alsuppe ist bekannt; wenn aber die Ale selen, nennen die Hamburger sie verlaarne Aalsupp oder süüre Supp.

verloren annähen, trakeln, Hupel. — Dachplatten verloren auflegen, nicht versalzen, d. h. so auflegen, daß sie das Dach gegen Regen oder Schnee vorläufig schützen.

verlorren, die Zeit, verschwatzen, 390ᶜ 107. Wol nur in Estland; vielleicht im estnischen Teil Livlands. Halbestnisch.

verlosen. 1) in einer Verlosung. Die zu verlosenden Gegenstände, 172. 1833. 37. Man sollte denken, daß diese Bedeutung in Deutschland sehr wenig bekannt ist; denn Grimms Wtb. fürt nur einen Beleg an, und zwar aus Guzkow's Ritter vom Geiste. Russisch разыграть въ лотерею. vgl. Verlosung; — 2) im Sinne von auslosen, ziehen. Von Statspapieren. Mehr als hundert Serien wurden verlost, d. h. ausgelost zur Tilgung; — 3) ablösen. Der jüngste Meister soll schenken und verboten, bis so lange er verloset ist, 252, d. h. abgelöst von einem neuen jungen Meister. In derf. Bed. verlösen.

verlösen. 1) ablösen. Der Jüngste im Amte soll schenken und das Amt verboden, bis er von einem anderen jungen Meister verlöset wird, 257; — 2) von Frauen, entbunden werden. Eine schwanger hinterbliebene Wittwe soll zu keiner

Erbschichtung genötiget werden, sie sei denn vorher verlöset, 148.

Verlosung. Dies gewönliche Wort felt in Grimms Wtb., ruff. разыграние въ лотерею. 1) in einer Lotterie. Die Verlosung des Frauenvereines (d. h. die durch den Frauenverein veranlaßte Verlosung) findet im April statt; in der Verlosung nichts gewonnen haben; die Verlosung eines Pferdes. Davon: Verlosungsgegenstand, Verlosungstag u. a. — 2) Ziehung von Statspapieren und Actien, Auslosung. Die Verlosung der Prämienbillete findet im Januar und März, im Juli und September statt.

verlüderlichen, lüderlich werden.

verludern. 1) lüderlich werden oder machen; — 2) sein Vermögen oder Geld in lüderlicher Weise vertun. Ebenso in Posen. vgl. 163; — 3) etwas, verasen, gründlich verderben; — 4) von der Gesundheit. Meine Gesundheit ist ganz verludert, sehr schlecht geworden; — 5) das ist doch ganz verlubert, verteufelt.

In Deutschland nicht sehr verbreitet, in Schriften wenig benutzt; hier in allen Bedeutungen gewönlich.

verlübern, Geld, verludern.

verlümmeln, lümmelhaft werden.

verlumpen, in neurer Zeit: sittlich verkommen.

Verlumptheit, sittliche Verkommenheit. Was soll die Schilderung moralischer V. und Versumpfung auf öffentlicher Schaubühne bezwecken? rig. Tagebl. 1890. 58; die in ihrer Verlumptheit widerwärtige Familie, ebba.

Verlumpung, sittliche Verkommenheit.

verlurjen, verlümmeln, schlingelhaft werden, verlumpen, 390c 107. Wol auf Estland beschränkt; vielleicht in Estivland. Halbestnisch.

Verlust, der Standesrechte, eine als Verstärkung einer anderen Strafe ausgesprochene, durch welche die durch Geburt oder Dienst erworbenen Vorrechte abgesprochen werden, 390c 107. — Das zieht Verlust der Waage und Wraake nach sich, d. h. der Kaufmann kann keine Ware mehr über die Wage und Wrake gehen lassen. Ehemals.

In der Bz. Verluste und Verlüste.

verlustigen sich, selten verlüftigen, sich vergnügen. — Seines Amtes verlustiget sein, 193. II. 2. 1822, verlustig.

Verlustigung. Zu Ende sein mit der Verlustigung, Stender I. 149.

verlustirem, sich, 1) sich vergnügen, sich erlustigen, 210. In Aachen: sich verlöstire. vgl. Grimms Wtb. unter lustiren. — 2) Die Priester müssen sich solcher Dinge enthalten, daferne sie nicht ihrer Aemter und Gelegenheiten wollen verlustiret werden, 193. II. 2. 1824. Vermutlich Druckfeler f. verlustiget, verlustig gehen, verlieren.

Verlustzettel. Die versiegelten Gewinn- und Verlustzettel, 68, d. h. Niten in einer Lotterie. f. Gewinn- und Loßzettel.

verluthern, lutherisch werden oder machen. f. verletten. Wol sehr selten.

vermachen. 1) daß niemand in Fasnacht sich vermachen soll, reiten oder laufen mit verdecktem Angesicht, 349. IV. 5. 73. In Grimms Wtb. ohne sich; — 2) ein Paquet, schließen, einschlagen, 390c. 107. Wol selten!

Vermachung, einer Tür, eines Tors, condamnation.

vermaddern, 1) etwas verderben durch Maddern an der Sache, beschädigen. Das Kind wird die Uhr vermaddern. Vermaddern, verstümpern, verderben, 390c. 107. Gew. In Aachen: verma'de erklärt, vermarkten, sein Geld zu Markt tragen, mit kleinen Einkäufen verschwenden; — 2) töricht durchbringen, verschwenden, 210. Ich habe einige Gartenbete mit Kol vermaddert, verloren, vertan, da der Kol nicht gediehen ist. Ungewönlich; — 3) einen, tüchtig mitnemen, verarbeiten. Gew.

vermag, vermöge. Meines Amyts abzuwarten, vermag meiner Bestellung, 194. Brandis. Vorrede IX, vermöge meiner Bestallung. f. vermögen.

vermagern, mager machen, kürzen. Ein vermagerter Katechismus, 176. 1828. 80.

vermaischen, Kartoffeln, auf Branntwein, einmaischen und zu Branntwein bereiten.

vermalen. In Grimms Wtb. als mundartlich, braunschweigisch: ein Zimmer vermalen, mit Farben anstreichen, nach Heinsius IV. 2. 1322. — Stube und Kammer, welche vermahlt sind, 172. 1769. 161; die Karrete schwarz anfärben, vergulden und vermahlen, 349. XXII. 1; ein vermahltes Boot, 172. 1787. 167, angestrichenes. — Jetzt wol kaum!

vermälzen, zu Malz machen. Roggen vermelzen zum Brantwein, 328. 229. Z. 1649 und in späteren Ausgaben; Mistgerste vermälzet, giebt auch oft übel schmeckendes Bier, 447. 27. In Grimms Wtb. nur nach Heinsius: zu Malz verbrauchen, vermalzen.

vermampfen, mit geschlossenen Lippen hinunterfressen, 390c. 107.

vermantschen oder vermantschen, Flüssigkeiten oder Breiiges, in ungehöriger Weise durch einander mengen. Aehnlich wie in

Grimms Wtb. In 390ᶜ. 107: durch un-
nützes Durcheinanderrühren verschütten,
verderben.

vermarken, mit Grenzsteinen abstecken,
390ᶜ. 107. Die Gesindesgrenzen werden
vermarkt, 176. 1817. 16; die von einem
Landmesser vermarkte Lage einer Gränze.
Zu Grimms Wtb.

vermatschen, weich machen und weich
werden, 390ᶜ. 107. Die Pflaumen haben
sich (sind) im Beutel ganz vermatscht, sind
zu (einem) Matsch (Brei) geworden.

vermauern, eine Oeffnung, eine Tür,
zumauern · Gew.

vermausern, in der Mause umkommen?

vermengeliren, vermengen, Dinge mit
einander. Sich mit einem, sich mit dem
Pöbel vermengeliren, in Gemeinschaft
treten. Sich vermengeliren, in Hand-
gemenge geraten.

vermergeln. Ein ganz vermergelter
Mensch, ausgemergelter. — Wäre Mark
das Stammwort, so wäre das hier gewönliche Wort falsch gebildet.

Vermerk, der. Genaue Vermerke über
die Führung der Lotsen machen, 318.
29; mit dem Vermerk, an wen -- 327.
61; auf dem Frachtbrief den Vermerk
machen, rig. Ztg. 1865. 18. s. Abmärkung.

vermerken. Sobald sie solches vermerken, 91, bemerken; der Befund wurde
vermerkt, schriftlich angemerkt. — Auf
dem Hause des N. befindet sich noch
folgender Hypothekenposten vermerkt: am
19. März 1876 für den Dr. M. ein
am 30. Januar 1876 vorgemerktes
Capital von 2000 Thl., 173. 1879. 23.

vermickern, oft st. vermiggern. Auch:
vermüdern.

vermiggern, ein überzartes, schwäch-
liches Ansehen erhalten, 390ᶜ. 107; in
Riga: verkümmern. In 390ᶜ. 44: vermiggern gegenüber nb. micke ein zart-
gliederiges Kind von schwächlichem Aussehen.

vermoddern, schlammig werden, 390ᶜ.
107. In Riga kaum!

vermogeln. Vermogelt aussehen, verbraucht, abstrapaziert.

vermögen. Obgleich die Roßdienstordo-
nung im 4. Punkte vermag, daß —,
185. 756, „bestimmt"; weiln der 4. Punkt
in obgemeldeter Rüstordnung vermag,
daß —, 193. II. 1064, „verstattet"; das-
jenige in Acht nehmen, was die Pacten
vermögen, 193. II. 281, „bekräftigen";
büßen, wie das Recht vermag, 193. II.
414, „wie das Gesetz es mit sich bringt";
ehe das Urtheil vermag, daß er mit
Worten soll gestraffet werden, 193. II.

2. 1878, „ausspricht". Grimms Wtb.
sagt Sp. 884: eine seltene Wendung ist
vermögen = Bedeutung haben, bedeuten:
der hebräische Text vermag … s. vermag.

vermögenlos, in Grimms Wtb. vermögenlos. Ein vermögenloser Mann.

vermögensteuernd, st. vom Vermögen
steuernd. Vermögensteuernde Beisassen,
386. 9.

Vermögensteuer. In Grimms Wtb.
belegt aus Helnsius IV. 2. 1326 nach
Guzkow's Ritter vom Geiste. Hier schon
im vorigen Jahrhundert. Vermögen-
oder Vermögensteuer, 172. 1784. 162;
allhier zur Vermögensteuer eingeschrieben,
172. 1793. 87; die Summe der Vermö-
gensteuern, 386. 9.

vermoldern. In feuchter Witterung
darf man keinen Aurikelsaamen abnehmen, er vermoldert oder verdommelt
sonsten gewiß, 474. II. 131/132.

vermolmen, verfaulen, Lange; vermodern, Stender I. 206.

vermolschen, durch und durch molsch
werden.

vermongeln, abortiren, einen Mißfall
haben. Sie vermongelte regelmäßig im
4. Monat. s. entmongeln.

Vermongelung, Abortiren. Eine B.
erleiden oder haben, einen Abort.

vermopsen, 1) etwas, verfuschen; —
2) einen, gründlich verhönen, verspotten.
In 390ᶜ. 107: zum Aerger reizen, einem
gründlich die Wahrheit sagen, einen durch
Reizen stutzig, blöde machen; — 3) dumm,
albern, mopsig werden. Ganz vermopst
sein.

vermosen, musen, zu Mus werden. Die
Kartoffeln sind ganz vermost.

Vermosung, der Kartoffeln, Erbsen,
u. a., durch zu langes Kochen.

Vermosung. Die Vermosung der Heu-
schläge, 201. II. 20, Bewachsen mit Mos.

vermuchen (v), sprechen Einige st. vermuffeln, müffig, mufflig werden.

vermucken, muckisch werden. Vermuckt,
verdrießlich, mürrisch, 390ᶜ. 107.

vermücken, vermiggern. In Estland
vermüdern die flottesten Leute, 321. 76.

vermuffeln, mufflig werden, von Mehl
und Getraide. — In 390ᶜ. 107: kauend
veressen; durch langes Stehen schlecht
werden.

vermurcheln 1) einen, vermabbern,
tüchtig mitnemen; 2) etwas, durch mur-
chelhaftes Wesen oder Tun verliren,
vertun; 3) murchelhaft werden.

vermurksen, etwas, durch selerhafte
Behandlung verderben. Wenn ein Ei-
senguß nicht gelingt, ist viel Eisen ver-
murkst; eine vermurkste Maschine; eine

Arbeit, verfuschen, verderben. Ausdruck
der Handwerker. — In 390c. 107: durch
ungeschicktes Schneiden verderben.

vermuten. Umb acht Tage wehren
(wären) Sie Herzog Carol persönlich
vermuthen, Bobeckers Chr. 18, seine
Ankunft. Ganz wie heute: ich war das
nicht vermuten, st. vermutete das nicht.

vermutmaßen sich, mit seinen Mut-
maßungen in die Irre geraten. Toblen
vermutmaßte sich (in Betreff des altnord.
Namens Libul(s) in einen „bei den Kuren"
vorkommenden Namen Indul, 472. I. 16.

vernachteilen. Von seinen Creditoren
vernachtheilet werden, 192. II. 202.

vernachteiligen, benachteiligen, einen,
180. 1. 2. 462.

vernageln, 1) ein Pferd. In Grimms
Wtb. seltsam erklärt: dem Pferde einen
Huf einschlagen, daß es nicht laufen kann.
— Vernagelt wird ein Pferd, wenn beim
Beschlagen desselben ein oder der andere
Hufnagel in das „Leben" des Hufes hin-
eingedrungen ist. Das Laufen des Pferdes
wird dadurch nicht verhindert, wol aber
mehr oder weniger Hinken veranlaßt. —
Wenn ein Pferd vernagelt, 328. 149; —
2) in Deutschland vernagelte man Zan-
schmerzen. Das Vernageln der Zan-
schmerzen, 374. III. 84; — 3) eine Kiste,
zu- oder festnageln; — 4) dumm und
dwatsch werden. Er vernagelt ganz und
gar in dieser Gesellschaft. Vernagelt sein,
nichts begreifend. Bist du so vernagelt,
daß du das nicht begreifst?! In Grimms
Wtb. ohne Erklärung; — 5) schließen.
Hier ist die Welt mit Brettern vernagelt, d. h. der Weg oder Zugang irgend
wohin abgesperrt, verboten, unmöglich.
Gew. Zu Grimms Wtb.; — 6) eine,
oder: einer das Loch vernageln, ficken.

Vernageltheit oder **Vernageltsein,**
Dummheit, Unfähigkeit etwas zu fassen
oder zu begreifen.

Vernagelung. In den Bedeutungen
des Zw. Auch Dummheit, Unfähigkeit
etwas zu begreifen.

vernähen. 1) man soll neue Leinwand
nicht undurchgewaschen verarbeiten und
vernähen; — 2) mit Papier übernähen.
Der fertig gewordene Teil der Stickerei
ist vernäht, mit Papier übernäht, um bei
Fortsetzung der Arbeit nicht schmutzig
gemacht zu werden; — 3) sich, im Nähen
sich versehen; — 4) eine Schnittwunde,
wundärztlich zusammennähen, durch eine
wundärztliche Nat vereinigen.

vernaschen, auf- oder wegnaschen. Die
Kinder haben das Confect vernascht.

vernässen, naß werden. Die Waare
der Struse gänzlich vernäßt, 174. 1823.

306; vernäßter Flachs, naß gewordner,
durchnäßter.

verneidischen, vor Neid vergehen. Ganz
verneidischt sein.

vernemen. 1) einnemen, wegnemen,
benemen. Alle Plätze im Theater sind
vernommen, nicht mehr zu haben. Da
die Speicher und das Betriebscapital
durch die verbotenen Artikel vernommen
sind, Dünaztg. 1891. 245 aus Libau.
Vernommen sein, sagen Londiner und
Handwerker, wenn sie Aufträge oder Arbeiten, wegen Ueberhäufung mit solchen,
nicht übernemen können, keine Zeit für
sie haben. Ich bin bis Johanni vernommen, d. h. zur Ausführung von Arbeiten in Dienst genommen. — Einem
etwas zu vernemen geben, ihm gegenüber
äußern, ihm zu erkennen geben. Im
früheren Kanzelleistyl.

Vernemen, das. Aeußerem Vernehmen
nach —, eine oft gebrauchte Ausdrucks-
weise. Genügte denn nicht: dem Vernehmen nach? — Ebenso seltsam: das
Theaterstück hatte nur äußeren Erfolg;
die äußeren Umstände der Untersuchung
oder des Verhörs.

vernidern, 196. XIII. 139: hierzu
müssen die Dächer von den Häusern
abgetragen, die Wände, wo nötig, ver-
niedert — — werden, d. h. nidriger
gemacht, teilweise abgetragen.

vernidrigen. Welcher Mann sich ver-
niedriget mit einem Weibe, die unecht
oder berüchtiget, der soll des Werks ent-
behren, 243. Ebenso in anderen Hand-
werksordnungen.

vernitteln, die Zeit, mit kleinlichem
Bekritteln verbringen, 390c. 107. In
Riga kaum!

Vernitungsöse, die. Eine Vernitungsöse an Perlmutterarbeiten, 172. 1801. 552.

vernölen, mit saumseliger Arbeit die
Zeit verlieren, 390c. 107. In Riga
kaum!

vernörgeln, in verdrießliches Kritteln
hineingeraten, 390c. 107. In Riga
kaum!

vernoschen, sprechen Einige f. vernossen.

vernossen, lüstern, **vernäscht,** 210; wäh-
lerisch, lüstern, frech, Stender I. 351. —
In Riga wol nur in der Bed. von vernascht, verleckert, verwöhnt in Bezug auf
Speisen und Getränke.

Vernossenheit, Uebermut, Frechheit,
Stender I. 351.

Vernotelung, capitulatio, 334. 38.
Gadebusch (325) verweist auf Frisch im
Worte nota. — Eine schriftliche Vernotelung, 369a. 103, Verschreibung, Voll-
macht; kraft einer gewissen Vernötelung,

334, ſchriftliche Abmachung. Eroberte das Schloß mittelſt einer Vernotelung, 180. II. 2. 585; man verfaßte eine Vernotelung, ebba 592.

vernuſcheln (v, ſch = franz. j), 1) Zeit, nuſchelnd verbringen oder verlieren; 2) ſich, durch Nuſchelei nicht fertig werden mit einer Arbeit.

vernuten, durch eine Nuth verbinden, 390ᶜ. 107.

veröbern. Was er mit ſeines Weibes Gut erworben oder veröbert, das iſt ſein, 194. R. R. d. F. C. 215. Im umgearbeiteten Ritterrechte: verübriget.

verochſen, dumm wie ein Stir werden. Er verochſt unter ſolchen Menſchen; er iſt verochſt.

veroffenbaren. Sollte ſich der Diebſtal an der Uhre veroffenbaren, 172. 1777. 319, durch die Uhr herauskommen.

verohrfeigen, einen, tüchtig abohrfeigen.

verorgeln, verſegeln.

verorpheiden, Urfehde tun. Daß er ſich verorpheiden ſoll, 174. 1851. J. 1590.

verörtlichen, localiſiren, begränzen, das Feuer bei einer Feuersbrunſt. — Sich verörtlichen, von Krankheiten. Eine Krankheit verörtlicht ſich in der Lunge. Verörtlichung, eines Feuers; einer Krankheit, Localiſation. Die Ruhr iſt die V. ſehr verſchiedenartiger Krankheitszuſtände, 372. II. 157.

verpacken. Ein Kind gut verpacken, mit hinreichend warmer Kleidung verſehen oder kleiden; den Hals gut verpacken, umhüllen; ſich gut verpacken, hinreichend warme Kleidung antun; ſich gut verpacken in einem Schlitten bei einer Winterreiſe. — Dem Verpacken — Feſttreten — des Futters iſt große Aufmerkſamkeit zu widmen, 168. 140. — Den Rinnſtein mit Lehm verpacken, daß kein Waſſer aus ihm in den Keller bringe.

verpaffen, Tabac, rauchend aufbrauchen. — In 390ᶜ. 107: mit Dampf einhüllen.

verpalen, verpfälen. Die Schloßchen hatten die Thüre verpahlet, 195. rot. B. 747. ſ. verpfälen.

verpampeln, Kinder oder ſich, mit zu viel Kleidung und zu warm bekleiden. In einem Schlitten gut verpampelt ſitzen. ſ. einpampeln und pampeln.

verpantſchen, Wäſche, durch zu ſtarkes Eintränken verderben, 390ᶜ. 107. In Riga in demſelben Sinne wie verplantſchen.

verpaſchen. Die Brillantringe waren verpaſcht, 174. 1816. 58, aus d. Mitte des 15. Jahrhunderts. Des Alters wegen! — In 390ᶜ. 107: verſäumen, durch Unordnung verlieren. — Falſch ft. verpaſſen?

verpaſſen. 1) einen, mit einem Paſſe verſehen. Verpaßt, unverpaßt ſein, einen Paß haben, keinen Paß haben. Keine Fremden ſollen verpaſſet werden, 350. XVII. 4. Z. 1697; verpaßt und unverpaßt, 180. IV. 2. 292; verpaßt werden, ebba; verpaſſen, in die Paßliſte eintragen, 390ᶜ. 107; — 2) Stifel, Kleidungsſtücke, ſo machen, daß ſie nicht paſſen; — 3) die Zeit, verfelen, verſäumen; einen Eiſenbanzug, durch verſpätetes Kommen verfelen. In Grimms Wtb.: harrend eine Zeit verbringen.

verpaſſiren, verbringen. Hiermit verpaſſierte er (der König) an dieſem Orte den Reſt der Nacht, 215. 222.

verpatſchen, 1) etwas, in den Händen (Patſchen) übel zurichten, zerknüllen, verſchmutzen; — 2) ein Kleidungsſtück, verdrücken, z. B. dadurch, daß man ſich ſetzt; ſich verpatſchen, d. h. ſeine Kleidung; — 3) etwas, Zeit, Gelegenheit, verſäumen, verpaſſen.

verpauken, ein Clavier, durch ſtarkes Aufſchlagen auf die Taſten beſchädigen. Ich will meinen Flügel von ihm (durch ihn) nicht verpauken laſſen. — Einen, verhauen, 390ᶜ. 107.

verpegeln, mit dem Pegel vermeſſen, 309ᶜ. 107.

verpeitſchen, ein Kleidungsſtück, durch beſtändiges Tragen abnutzen. ſ. anpeitſchen. — Von auf dem Felde ſtehenden Getreide, was durch Sturm geſchieht. Durch Verpeitſchen der noch auf dem Halme ſtehenden Aehren, rig. Tagebl. 1890. 207. vgl. auspeitſchen.

verpelzen, einen, verledern, verhauen.

verpergeln, 1) mit Pergelgeflecht beſchlagen; — 2) von Fleiſchſpeiſen, trocken werden oder machen (wie Pergel). Verpergeltes Salzfleiſch, trocken und ſaftlos durch zu langes Liegen in Salzwaſſer oder zu langes Kochen. Ebenſo von Rauchfleiſch, das zu lange im Rauch ſich befunden.

Verpergelung, einer Hauswand.

verpeſeln, verſudeln, zl. und zb., namentlich in der Küche. Eine Schürze verpeſeln; ſich verpeſeln.

verpeſten, in Grimms Wtb. erklärt: mit Peſt, mit Krankheit behaften. Die dort gelieferten Belegſtellen deuten aber auf eine ſchlechte, mit üblem Geruch erfüllte Beſchaffenheit der Luft. Ein ſtinkender Hund verpeſtet eine Stube; ſtinkendes Fleiſch verpeſtet einen Wirtſchaftsſchrank.

verpetern, 1) verdummen. Gew.; — 2) etwas, durch dummes, petriges Verfaren verſäumen, vertun, verfuſchen.

verpfälen. Hat sie in ein Gemach gejagt, verpfählet und verbrannt, 345. 7; die Düna soll nicht verpfählet noch vervollwerdet werden, 207. 165. Zu Grimms Wtb.

verpfeffern, 1) in Grimms Wtb. erklärt: durch Pfeffer schmackhaft machen (besonders in übermäßiger Weise). Richtiger wol: übermäßig mit Pfeffer versehen, eine Speise. — 2) einem etwas, versalzen oder hintertreiben. Ich will ihm das verpfeffern.

Verpflasterung, ungewönlich statt Pflasterung. Die V. des Marktplatzes in Mitau, 176. 1837. 169.

verpflegen, kaufmännisch. Lager von in meiner Fabrik verpflegten Cigarren, 175. 1859. 2. 32.

verpflichten. Zeitweilig verpflichtete Bauern in Rußland nach ihrer Freilassung, d. h. noch gewissen Pflichten unterworfen gegenüber den früheren Gutsherren.

Verpflichtung. Erzbischof Sylvesters B. an den Hochmeister von 1449, 196. II. 333.

verpickern. 1) durch häufiges Pickern beschädigen oder verderben. s. pickern. — 2) die Zeit, mit Pickern verbringen. Der Töpfergeselle pickerte und pickerte an den Kacheln und verpickerte viel Zeit.

verpimpeln, eine, versicken.

verpinkern. 1) verfitzen. Zieh nicht an der Fitze, sonst verpinkerst du sie; der Knoten ist nun ganz verpinkert, so verfitzt, daß er sich nicht mehr lösen lassen will. — 2) Zeit, verbasteln, vertrödeln. — 3) einen mit Jemand, a. auseinanderbringen, verzwisten. Es ist ihr richtig gelungen, sie (mit einander) zu verpinkern; mit einander verpinkert sein. b. zusammenbringen, vereinigen. Sie sind mit einander etwas verpinkert, d. h. in einer gewissen Verwandtschaft; sie haben sich (mit einander) verpinkeri, d. h. versprochen (zu einer Heirat); einen mit einer, verkuppeln. — 4) verpinkert sein, verpippf't, pinkrig, pipernd, kränklich gemacht durch verkehrte Erziehung oder Lebensweise. — 5) mit feiner, erfolgloser Arbeit verderben, 390c. 107.

verpippf't, pinkrig, pipernd. Verpippf't sein, beständig kränkelnd.

verpirren, ins Weinen geraten, 390c. 107. In Livland kaum. In Posen in der Bed. von verpurren.

verpissen. Ein ganz verpißtes Pfül, durch Harn stinkend und feucht.

verpitschiren, verpetschiren. Soll wol verwahret, beschlossen und verpitschiret werden, 87.

verplabbern, verregnen, durch ein zu starkes Anfeuchten verderben, 390c. 107. verplämpern, s. verplempern.

verplaniren, vertun. Die Söhne haben so viel (Geld) verplanieret, daß die Eltern es nicht können bezahlen, 352. XVIII.

verplanschen oder verplantschen. 1) gießend verschwenden, vergießen, Wasser. — 2) durch Zusatz von Wasser übermäßig verdünnen, Suppe oder Milch. Eine verplanschte Suppe. — In 390c. 107: verplantschen, durch zu starkes Anfeuchten verderben; verschütten; verregnen. — In Posen: verplanschern.

verplappern, sich, sich verplaudern, d. h. zur unrechten Zeit oder aus Unbedacht etwas ausplaudern.

verplärren, die Zeit, mit Plärren verbringen, 390c. 107.

verplaudern, verplappern. Sie verplauderten sich und versäumten dadurch die Stunde der Abreise.

verplempern. 1) in Kleinigkeiten verthun, 390c. 107; insbesondere Geld, verplubbern, verquackeln. — 2) verplimpern, durch Wasserzusatz zu sehr verdünnen, z. B. eine Suppe. — 3) sich, durch Übereilung sich die Finger verbrennen, besonders durch unzeitige Worte, 390c. 107; einen Bock schießen, eine unüberlegte Äeußerung machen u. dgl.

verplentern, Wald, verwüsten.

verplext, verdutzt, verdrehtes franz. perplexe. Man hört hier auch, wie in Deutschland, verpler. So auch in Redwitz Zunftmeister von Nürnberg, I. 27.

verplickern, Zeit, saumselig verbringen.

verplimpern, durch Zusatz von Flüssigkeit eine andere ungehörig verdünnen. Die Suppe ist ganz verplimpert.

verplinzelt oder verplinzt aussehen, verweint.

verplinzern, durch Weinen stillen. Hast du deinen Schmerz endlich verplinzert? Du hast wol alle deine Thränen verplinzert? b. h. deine Thränen sind wol von dem vielen Weinen versiegt.

verplubbern, 1) Geld, auf törichte Weise vertun. — 2) in 390c. 108: a. verplaudern; b. von Flüssigkeiten, vergießen.

verplumpen, 1) z. B. verloren gehen. Unglück über Unglück verfolgte den Kaufmann R.; sein ganzes Vermögen verplumpte. — 2) verlieren, sein Vermögen.

verplundern, 1) Schmand, Milch, durch Wasserzusatz ungehörig verdünnen. — 2) Geld, töricht, für allerlei Kleinigkeiten oder Plunder, vertun. — 3) eine Angelegenheit, zum Scheitern bringen. Die Sache ist verplundert.

verpolen, polnisch werden oder machen. Die dortigen Deutschen sind ganz verpolt. Davon: Verpolung.

verpoltern. Aber das Geld war verpoltert und die Knechte mauleten, 194. Nystädt 61.

verpönen. Wird in 30 Rthl. verpönet, 365. J. 1666, wird mit 30 Rthl. gestraft; die Bescheidtqual ist halb so hoch verpönt, 193. II. 77. — Vor einigen Jahrzehnten hörte man oft: das ist verpönt, verboten. [verposteien. Sollte in dem Belege des Grimmschen Wtb. nicht dafür verpasteien — verbasteien zu lesen sein? Von Bastei, Wall, also: sichern.]

verpraten, verplaudern, Zeit. Sich verpraten, in langes Geplauder geraten und dadurch die Zeit versäumen.

verpromotalen, vergeuden. Auch in 390c. 108. Nach russ. промотать.

verpruddeln, in 390c 108 verkochen und verschmutzen. In Riga unbekannt.

verprügeln, einen, verhauen, verledern.

verprusten, sich, sich verschnaufen. Lassen wir die Pferde sich etwas verprusten. Im Scherz auch von Menschen. Laß mich etwas verprusten, zu Atem kommen. Auf Tiere und Menschen bezogen ist verprusten milder.

verpuckeln, sehr pucklig sein oder werden. Ein verpuckeltes kleines Mädchen.

verpudeln. 1) verpassen, versäumen, Zeit, Gelegenheit. 2) verpurren. Ich will ihm das verpudeln. 3) in der Jägersprache. Mit dem anderen Lauf (der Büchse) hatte ich verpudelt, rig. Ztg. 1872. 71, gepudelt, sei geschossen, nicht getroffen; die Schnepfe habe ich verpudelt, nicht getroffen; sein theures Pulver auf die so leicht zu verpudelnde Schnepfe zu verpuffen, Dünaztg. 1893. 31. Im Scherz danach: irren, sei schießen. Ohne zu verpudeln, erkennt man die Übereinstimmung beider Musikstücke.

verpuffen. 1) Geld, durch Puffen oder Ausleihen verlieren; verleihen, 390c. 108. — 2) einen Rausch, verschlafen oder verloren haben. Seinen Rausch verpufft haben. — 3) verplatzen, verknallen, verpuffen sagt man von detonirenden, explodirenden Stoffen, z. B. Knallquecksilber, Pulver, Bazar 1858. Nr. 19. In Grimms Wtb. sonderbar und nicht zutreffend: aus Erschöpfung aufhören zu knistern, verknistern, decrepitare. — Französisch décrépiter oder détonner. Doch auch zb. Sein theures Pulver auf die so leicht zu verpudelnde Schnepfe zu verpuffen, Dünaztg. 1893. 31. Übertragen: seine Leidenschaft wird bald verpuffen, vergehen. — 4) mit Stößen tractieren, 390c. 108.

verpulen, verkratzen, übel zurichten. Sich das Gesicht verpult haben.

verpulkern, verpfuschen, 390c. 108. Wol nur im estnischen Livland.

verpumpeln, verpampeln, dick und warm verhüllen oder bekleiden.

verpumpen, auf Borg verkaufen. In den Buden wird viel Ware verpumpt.

verpunschen. 1) durch viel Punschtrinken verlieren. Viel Geld verpunscht haben. 2) einem etwas, hintertreiben, bewirken, daß er das Gewünschte nicht erreicht. 3) auf törichte Weise verbringen oder versäumen. N. hatte den rechten Augenblick verpunscht. In den Bedeutungen 2 u. 3 meist verpuntschen, welches sich wie ein geentées verputschen ausnimmt.

verpuntschen. s. verpunschen.

verpurren, einem etwas, vereiteln, hintertreiben. Ich will ihm das verpurren, d. h. machen, daß ihm das nicht gelingt. Hierzu gehört der einzige Beleg in Grimms Wtb. aus Holtey, welcher den Ausdruck vielleicht in Riga kennen gelernt hat.

In 390c. 43: durch ungeschicktes Stochern und Bohren unbrauchbar machen; fig. durch ungeschickte Behandlung eine Angelegenheit schlimm machen; verpurrt, gereizt, aufgebracht. Ebenda S. 108: durch Bohren verderben; fig. reizen, in üble Stimmung versetzen. — In Posen und Ostpreußen dafür verpirren.

verpürzeln, etwas, klein machen. Eine verpürzelte Gestalt eines Mannes, d. h. zu klein geraten im Verhältnis zur Dicke.

verpuscheln (-, sch meist wie s'ch), die Hare u. dgl. verwühlen. Ebenso in 390c. 108.

verpusten (—), meist mit sich, sich verschnaufen, zu Atem kommen; in 390c. 108: Luft schöpfen; sich erholen, sich ausruhen. — Den Thieren nicht gleich essen oder trinken geben, sondern sie verpusten lassen, 328. 178; Pferde sollen sich erst verpusten, vor dem daß sie, von der Arbeit kommend, Futter bekommen, 328. 144; die Pferde sollen sich erst verpusten, 328. 166. J. 1649: Arbeitsochsen erst verpusten lassen, ebda 153. Zu Grimms Wtb.

verputschen (—), (-), etwas, verpassen, durch Farlässigkeit versäumen. 2) einem etwas, hintertreiben, bewirken, daß er das Gewünschte nicht erreicht. In beiden Bedeutungen gew. vgl. verpunschen.

verputzen. 1) übermäßig putzen, zu viel Putz an Kleidung verwenden. Mütter, verputzt eure Kinder nicht! — 2) eine Mauer, mit Mörtel überziehen. Gewällertes Fahland, das unverputzt ist,

176. 1838. 42, mit Puh bewerfen. Ein Geschäft der Maurer. In Grimms Wtb.: durch Auspuhen (Beschmieren) beseitigen, mit Überwurf versehen. — 3) verpurren. Das habe ich ihm verputzt. — 4) aufessen, verzeren. Die Kinder haben alles Naschwerk verputzt; die Katze verputzte einige Mäuse. — 5) Hunde, durch vieles Hetzen (Putzen) auf Jemand, insbesondere auf Katzen, böse machen.

Verputzung, einer Mauer; der Kinder, übermäßiges Putzen; Verzeren oder Aufessen, Austrinken.

verquabbeln, von der Leibesdicke, schwammig werden, 390c. 108.

verquackeln, nd. verquakkelen, in Grimms Wtb. verquakeln. Insbesondere oder ausschließlich von Geld, in törichter Weise und in kleinen Beträgen vertun oder vergeuden. Geld, verschwenden, 210; verquackeln, prov., lett. kalalabt; in Kleinigkeiten verthun, 390c. 108. Schon in einem livländ. Schriftstück von 1667: die Mutter J. R. Patkuls wird von dem Vormunde Blettinghof beschuldigt, sie habe den Kaufpreisrest von 1500 Rthl. verdistillirt und verqwackelt.

verquälen, nur bei Ungebildeten, insbesondere bei Hebräern, statt quälen. Bei letzteren hört man verquollen st. verquält (gequält). s. quälen.

verqualstern, mit Mund- oder Rachenschleim verfubeln, z. B. ein Taschentuch; in 390c. 108 mit Speichel verfubeln.

verquarren, die Zeit, mit Quärren zubringen, 390c. 108.

verquasen, in 390c. 108: durch übermäßiges Essen aufzehren; fig. vergeuden. vgl. quasen.

verquästen, mit Ruten streichen, 390c. 108.

verquatschen (—), in 390c. 108: Wäsche, durch zu starke Nässe verderben; fig. die Zeit, mit inhaltslosem, breitem Geschwätz verbringen.

verquelen, zl., mit Quelen voll wachsen. Verquekte Gartenbete. Hier u. da verquekken. Verquedtes Land, 176. 1825; verquedtes Land, 224. 1825. 56.

verquellen, verdringen. Bildlich: Seine Augen (Lider) find ganz verquollen, d. h. die Lider geschwollen oder verdrungen durch Schlaf oder Trunk.

verquer, verkehrt, verdreht. Es ging eben alles verquer, rig. Kalender v. 1883. — Auch st. quer oder perquer, von Hüten, quer aufgesetzt. Letztere Bed. auch in Grimms Wtb.

verquimen, ungewöhnlich st. verquinen. Der Baum verfaulet oder verquimet, 193. II. 351, „vertrocknet"; die Birke

muß verquimen oder vergehen, 175. 1860. Nr. 9.

verquinen, verfiechen, von Menschen und Gewächsen. Verquinen, verschleißen, verderben, zu nichte gehen, Stender I. 42; einen Baum mit Hieben verderben, so daß er davon verfaulet oder verquinet, 185. 527. Dieselbe Angabe in 193 hat verquimet. — In 390c. 108: die Zeit, mit Lamentiren verbringen. Diese Bed. kommt in Riga u. Livland nicht vor.

verracheln, heftig verhauen, 390c. 108.

verrackern, ganz u. gar in Unordnung bringen, verwüsten. Die Hunde haben das Gartenbet ganz verrackert. In 390c. 108: übermütig und roh verderben.

verräkeln, s. verrekeln.

verramenten, wüst zerstören, 390c. 108. In Livland kaum!

verrammeln, falsch st. verrammen, z. B. einen Durchgang, eine Tür.

verranken, sich, 1) von Erdbeerpflanzen, sich mit ihren Ranken ausbreiten; 2) von Erbsen durch Ranken verflechten. Zu Grimms Wtb.

verrappeln, sich, 1) durch Unvorsichtigkeit oder Unverstand in Verlegenheiten geraten, sich verhebbern; 2) sich verruscheln, in eine Decke mit den Füßen u. dgl.

verraschen, praeter opinionem opprimere, ex inopinato occupare, nach Gadebusch (325) in 194. Nyenstädt 129. Hatte der Feldherr die Pernow verrascht, 335. 262. J. 1607; welches Haus (Burg) mit verrascht ist abgenommen, 195. Henning Chr. 257 und öfters. In Russows Chr. 9a. vorrasschen überraschen, überfallen. In Grimms Wtb., scheint es, kein so alter Beleg.

verrasen, zu unbrauchbarem Rasen werden. Das Verrasen der Äcker, 224. 1826. 9; ist der Boden (die Erde) nicht zu sehr verraset, 478. 130.

verratschen (—), nach 390c. 108: mit Geräusch zerreißen; beim Kartenspiel Geld und Zeit verlieren, von böhmisch rač Spieler. Diese Annahme ist ganz zu bezweifeln; aus dem Böhmischen hrati spilen konnte sich bei uns, und am wenigsten in Estland, kein Zw. ratschen bilden. Das Wort geht wie in der ersten Bedeutung (zerreißen) auch in der zweiten auf ratsch (ratz) zurück. In Riga ungebräuchlich.

verratzen, 1) Wunden im Duell machen, 324; 2) allgemein, verhauen, einen. Von Ratz Hieb, Wunde. Auch in 390c. 108.

verratzen, von einer Wonung, mit vielen Ratzen versehen werden. Der Hausboden ist ganz verratzt.

verraßen, verſchlafen. Er hat die Stunde verraßt. Im ſelben Sinne verroßen und verrotten. Auch in 390ᶜ· 108.

verrauchen. Man nimmt das Gekochte vom Feuer, damit es ein wenig verraucht, 227. 268.

verräuben, ganz räubig werden. Verräubeter Hund.

verraupen. Die Bäume ſind ganz verraupt, ganz mit Raupen bedeckt.

verreceſſiren, verreceſſen, welch letzteres aus livl. Schriften nicht zu belegen iſt. Verreceſſiren und verabſcheiden, 192. Kettlers Receß von Bauske; die Acta dieſes Tages verreceſſiren, 345. 57. J. 1558/9.

verrechnen. Leere Flaſchen werden mit 3 und 5 Kopeken verrechnet, in Rechnung gebracht. — Verrechnet ſein, hoffnungslos krank. Gew.

verrecken, 1) Wäſche, beim Waſchen ungehörig auseinanderrecken. — 2) ſich, nach allen Richtungen recken und dadurch in üblen Zuſtand oder üble Stellung kommen.

verreden, ſich, 1) verſprechen. In Livland kaum! Haſt du dich verredet, zu uns zu kommen? Stender I. — 2) ſich, ſich verplaudern. Ich verredete mich bei ihnen, verplauderte die Zeit. Zu Grimms Wtb. 9).

verreffeln, verreffen, verwickeln, verwülen. Verreffelt, verworren, verwickelt, 210. Die Spule Garn iſt verreffelt, Stender I. Bildlich: ſich verreffeln, ſich verhadern, verzwiſten. Sich verreffeln (mit einem), ſich entzweien, 210. Gew. In 390ᶜ· 108: ausſchelten.

verregnen. Der geſtrige Krautabend war zum größten Theil verregnet, rig. Ztg. 1880. 143. Gew. In Grimms Wtb. nur ein Beleg aus Hegel.

verreiben. Die Wäſcherin hat ein großes Stück Seife verrieben, beim Einſeifen der Wäſche verbraucht. — Bei Apothekern, ein Arzneimittel mit einem andern in der Reibſchale vermiſchen.

verreiſen. Eine Gouvernante, welche die deutſche Sprache vollkommen beherrſcht, wird von einer ruſſiſchen Familie zum Verreiſen geſucht, rig. Tagebl. 1896. 75. Auffallend iſt das zum; die Wendung aber oft zu leſen.

verreißen, ſich, mit einem, entzweien, Gew. Auch in 390ᶜ· 108: ſich verzanken; verriſſen, verzankt, auf geſpanntem Fuße lebend. Danach in Grimms Wtb. — In 390ᶜ· 108: Flachs verreißen, aufziehen. (?)

verreiten, eine, verficken.

verrekeln, rekelnd beſchädigen, einen

Stul, ein Sofa. In 390ᶜ· 108 verräkeln, durch Räkeln unſcheinbar machen.

verrenken. Viele ſprechen: verenken. Sallmann (390ᶜ· 134) ſagt, man verwechſele ſich verrenken und ſich verengen. In Riga hört man deutliches l, kein g.

verreußen, verruſſen, Ruſſe werden in Geſinnung, Sprache u. ſ. w. Im Scherz.

Verrichtung, Entlerung des Darmes oder der Harnblaſe. Große und kleine V., Stulgang und Harnentlerung. Gute Verrichtung! Als Wunſch. vgl. Leibesverrichtung.

verrieben, lange u. Stender I. 182. Wol daſſelbe, was verrieben in Lange.

verringen. 1) die Kräfte, durch vieles Ringen ſeine Kräfte aufreiben. — 2) ſterben. Sie hat verrungen, d. h. ausgerungen. Selten.

verritſchen (—), raſch und heftig (einen) verhauen, 390ᶜ· 108. Danach in Grimms Wtb., welches verritſchen als eine Nebengeſtalt von verrutſchen (rutſchen, rutſchen machen) anſieht; das Wort iſt aber entſtanden aus ritſch.

verrohen, von Menſchen, roh werden. Gew.

Verrohung, in der Bed. des Zw.

verrohren, eine hölzerne Wand, mit Rohr bekleiden behufs Verputzung. Gew. Eine Wohnung verrohren und vergipſen, 172. 1821. 5.

verröhren. Fragen, warum hat der Herr Chriſtus ſo viel Blutes verröhret und vergießen wollen, 352. XXX. 1. Verrorung, einer Zimmerwand.

verroßdienſten, ein Landgut, für den Kriegsfall den Roß- oder Reuterdienſt für daſſelbe leiſten. Pfandgüter iſt der Erbherr, und nicht der Pfandherr zu verroßdienſten ſchuldig, 194. R. R. d. F. E. S. 195. Erklärung v. J. 1585. In demſelben Sinn verdienſten. Ein Jeder ſoll nach Anzahl ſeiner Güter mit Knechten ſtets und allerwegen verſorget ſein, damit ſie, ſo oft es die Noth erfordert, ihre Güter verdienſten können, 194. R. R. d. F. E. S. 137 aus d. J. 1525; ein jeder (vom Adel) ſoll mit Pferden (im Privilegium Sigismundi Auguſti v. 1564 equites) und Knechten (ebenda milites, Fußknechte) ſtets verſorget ſeyn, damit er, ſo oft es die Noth erfordert, ſeine Güter verdienſten ſoll und möge, ebba aus d. J. 1561. ſ. Roßdienſt in III. 60.

Verroßdienſtung, eines Landgutes, Leiſtung des Roß- oder Reuterdienſtes. Vier Sachen ſein, die echte Noth heißen (d. h. die einen verhindern, vor Gericht zu erſcheinen), nemlich Gefängniß, Krankbeit, Verdienstung seines Gutes und außer Landes, 194. R. R. b. F. C. S. 175; im R. u. L. R. I. 10. 3: Gefängnis, Krankheit, Verroßdienstung seines Gutes; im Wied-Oselschen Landrecht L. 14. 1: wo Sachen sein, die echte Noth heißen, als Gefengtnus, seeke Krankheit oder Verdienst seines Gutes außerhalb Landes. vgl. 194. R. R. b. F. C. S. 175.

verrotten, vermodern, verfaulen. Iß en del (von den Bildern) vor rottet unde affgescheluert, 406. J. 1590; dat was war ver rottet unde vor doruen, ebba. — Brackhanf ist solcher, welcher in keine der übrigen Gattungen Hanf hineinpaßt, jedoch darf dessen Harl nicht verrottet sein, 381. Verrotteter Mist.

verrotten, verschlafen, Zeit. Verrottet aussehen, ganz verschlafen; ein ganz verrotteter Mensch, verschlafener. Gew.

Verrottung, Vermoderung.

verrotzen, verschlafen.

verrotzen, ein Taschentuch, durch und durch mit Nasenschleim versubeln.

verrucht und Verruchtheit, lassen stets geschärftes u hören.

verrucken, von Pferden. Wenn ein Pferd verruckt ist, so muß man es haarseilen, 328. 147. Krankheit der Pferde, wenn die Haut an den Lenden lose ist.

verruckt, im gewönl. Leben oft statt verrückt, irrsinnig.

Verrückung. Nach Verrückung des Legaten, 194. Brandis 71, „Abreise".

Verruf, der, nur in gewälter Sprache für Verschilf, sonst nur in der Bedeutung von üblem Ruf, mauvaise renommée. Ein Schüler oder Student konnte in Verruf sein, d. h. übel berüchtigt, verrufen sein, war aber deswegen nicht in Verschilf (interdiction).

verruffeln, in der Kleidung herunterkommen. Ein ganz verruffeltes altes Weib. — In 390°. 108: ausschelten, verwühlen.

verrüffeln, 1) verwülen. Der Flachs ist mitten in der Blüthezeit von Wind und Regen niedergepeitscht oder verrüffelt und zusammengedreht, landw. Beil. zur rig. Ztg. 1879. Nr. 30. vgl. riffeln u. ruffeln 2). — 2) verruffeln, rufflig werden.

verruiniren, in unedler Sprache verru-jeniren.

verrunksen, durch zu große Kreuze und Querschnitte unscheinbar machen, 390°. 108. s. Runken.

verrüpeln, zu einem Rüpel werden oder machen.

verrüren, aus- oder zusammenrüren. Zerriebene Mandeln, Zucker und Eiweiß

werden verrürt, dann von den angerührten Mandeln —, 155. 2. 315; ein Löffel Butter wird mit Mehl und Bouillon verrührt, ebba 116; man verrührt das Eigelb gut, ebba 235; Kleie mit Wasser verrühren, 227. 266; Mehl, ein arzneiliches Pulver u. dgl. mit oder in Wasser.

verruscheln (~), ruschlig machen oder werden; in Unordnung bringen, das Kopfhaar, Garn. Dein Kopfhaar ist ganz verruschelt. Von Bergmann (210) erklärt verfitzen; in 390°. 108: Kleider verruscheln, in unordentliche Falten bringen. — Eine Bettbede, ein Kleid verruscheln. — Sich verruscheln, sich verrappeln. — Grimms Wtb. sagt: eigentlich verrauschen machen, übertragen: in Unordnung bringen. — Das ist unwahrscheinlich. vgl. ruscheln.

verrussen, zu einem Russen werden oder machen, rußsificiren. Ein verrußter Deutscher; verrußte Esten.

Verrussung, das russisch Werden, seltner: das russisch Machen, Russificirung.

versabbeln, 1) etwas ganz und gar sabbelig machen. Eine versabbelte Cigarre, lange im Munde gewesene, widerlich feucht durch Speichel gewordene. Ein versabbelter Mund; ein versabbeltes Tellertuch. — 2) selten, was verschlabbern, Milch u. dgl.

In 390°. 108: mit Geifer beschmutzen; verplätschern.

versacken, sich. Das Eis versackte sich bei der Poberragge, staute sich, schob sich zusammen; das Erdreich hat sich versackt, hat sich gesackt, ist nach- oder zusammengesunken.

Versackung, des Erdreichs, Nachsinken; des Eises, Stauung. Bei neuen Häusern muß Rücksicht genommen werden auf die Versackung.

versagen. 1) eine Zusage machen, mit einer Zusage (sich) verpflichten. Ich bin zu dem Festmal, für die Gesellschaft bereits versagt; eine bereits zum Tanze aufgeforderte Tänzerin sagt einem Herrn, sie sei versagt, engageée. Sich versagen, das Versprechen geben, einer Einladung zu folgen. Ich danke sehr für Ihre Einladung, aber ich habe mich (bin) bereits versagt, d. h. kann nicht Folge leisten. Nicht selten hört man: sie ist schon versagt, d. h. versprochen, Braut. — 2) sich versagen, sich versprechen im Her- oder Aufsagen einer Lection. — 3) von Schießgewehren, ruff. осекаться, frz. rater, manquer. Die Flinte versagte. Alle angeführten Bedeutungen felen in Grimms Wtb. und sind hier gewönlich. Nur die dritte wird in Grimms Wtb. 9), doch sehr unbestimmt, verzeichnet aus Bettina:

der Krieger, dem keine Waffe versagt.
Wir beziehen das Versagen nur auf
Schießgewehre, aus denen der Schuß
nicht erfolgt.
Versagen, das, eines Schießgewehrs,
russ. осчика, frz. faux-feu (d'une arme
à feu).
Versagung. Einladungen und Ver-
sagungen für Mittag und Abend.
versamen, durch Samen sich fortpflanzen.
Versatz, der. 1) der weiße Thon be-
kommt zu Kacheln einen Versatz von
rothem. — 2) Versatz, Weddeschat, 154.
I. 303/4: nach dem älteren Recht konnte
ein Pfandrecht an beweglichen Sachen
erworben werden 1) durch Vertrag —
Versatz, Weddeschat.
versauern. Die Gärtner sprechen von
versauertem Erdreich.
versäuern, säuerlich werden, von Milch
oder Gefäßen.
versäufen, ertränken; sich versäufen,
sich ersäufen, 210. Sich in Ketzerei ge-
stürzet und versäufet haben, 352. XVIII.
verschalen. Nach Grimms Wtb. im
Hd. selten nachzuweisen und nur ein
Beleg aus Holten verzeichnet, der den
Ausdruck vielleicht in Riga kennen gelernt
hatte. Bei uns gewönlich. 1) schal
werden, von Bier, an Geschmack, Kolen-
säure, Kraft verlieren, wenn die Flaschen
geöffnet bleiben. Verschaltes Bier; Bier
verschalt schnell. — 2) vom Erdreich.
Das Land verschaalt nicht, wenn das
Eggen im Herbst unterlassen wird; das
Verschalen der Erde, 169. I. 432; verschalen, von einem Felde, 224. 1825. 15.
In derselben Bed. ausschalen: die Erde
schalet aus, wenn man sie im Herbst um-
pflügt. s. zueggen. — 3) von anderen
Dingen. Gebrannter Kaffee in Bonen
verschalt nicht oder weniger, als wenn
er gemalen aufbewart wird. — 4) von
Menschen, ein schales, mattes Aussehen
erhalten oder haben. Verschalt, schal,
mit mattem Ausdruck und matter Gesichts-
farbe.
verschalen, eine Wand, mit Brettern
verkleiden oder beschlagen; eine Zimmer-
decke mit zolligen Brettern. s. Grimms
Wtb.
verschälen, 210.
verschalken. Ein Gesell, daß er sich
mit einer Magd verschalkt und (sie) zu
Unfall gebracht, 349. XXI. 1. J. 1651/2;
Jungen, so sich verschalket hatten, 349.
XXVII. 1. J. 1606/17; Knecht, so sich
verschalket, ebda J. 1612/13; Soldat,
so sich verschalket, 349. XXIV. 1. J.
1613; de sich vorschalken wolten, ließ er
prügeln und peitschen, 194. Ryssädt.

Pabst in 379. I. 3. 247 sagt: „sich schall
machen, Haber anfangen, von Schall =
Haber; bei Tielemann: die sich schuldig
gemacht (!)." Sonntag in 174. 1826.
60 fragt bei Anfürung der Nachricht:
wurde gestraft, weil er sich verschallet,
heißt das vielleicht, sich possierlich ver-
mummt? Diese Vermutungen sind auf-
zugeben. Indessen bequemt sich die
Pabstsche Erklärung nicht dem ersten,
oben angefürten Belege an, welcher eine
bessere Deutung erhält durch die in
Grimms Wtb. verzeichnete: sich schlecht
auffüren. Statt gilt von dem Belege:
Knecht, so sich verschallet, und: Soldat,
so sich verschallet. In Ostpreußen (476)
noch heute: verschalken, zum Schalk
werden, sich zu mutwilligen, bösen
Streichen verbinden.
verschamfiren, etwas, ganz und gar
schlecht machen oder verderben. Nach
Gadebusch: verschimpfen. In Aachen:
verschammieren. vgl. verschimfiren.
verscheinen, die Farbe verändern. Du
bast dein Gesicht ganz verschienen, Pupel.
Nach ihm in Grimms Wtb. Mir nicht
vorgekommen. In 390c. 108: durch die
Sonne braun werden. — [Es soll in
Deutschland Leute geben, die mit ihren
Augen Andere „verneiden", wie der Baier
sagt, oder auch „verscheinen", wie die
Thätigkeit der mit Hexengewalt ausge-
statteten Augen in Norddeutschland genannt wird, Gartenlaube 1895. S. 403.]
verscheißen, versäumen, verlieren, eine
gute Gelegenheit. Zu Grimms Wtb.
— Ganz verschissen aussehen, erschöpft
oder angegriffen durch viele Stulgänge
oder Durchfall.
Verschel, der, Unterschid, Verschidenheit.
Nach Gadebusch (325) ein niedersächsisches,
in Liefland gebräuchliches Wort, von
schel discordia, in der Bedeutung von
discrimen. Wenn 50 Ellen holländ. Laken
nach der alten Taxe vor 150 Thl. verlicentiret worden, ist jetzo der Verscheel
so groß, daß die Würde deshalb auf die
Hälfte differiret, 174. 1832. 383. s. verschelen. — Im bremischen Wtb. ist Verschel
(vgl. 174. 1832. 421) Uneinigkeit, Miß-
helligkeit, Streitigkeit.
verschelbern, sich, mit Schelber überziehen, 390c. 108. vgl. verschelfern. Da
Schelfer etwas sich von der Haut ab-
lösendes ist, so ist „überziehen" falsch
gebraucht.
verschelen, unterschieden sein. Man
könnte ersehen, daß selbige Fensterschlenge
gegen die vorige wenig verschele, 365.
J. 1677.
verschelfern, gewönlich verschelwern ge-

ſprochen, mit Schelfer ſich bedecken oder erfüllen. Sein Kopf, ſein Kopfhar iſt verſchelfert.

Verſchickbarkeit. Die V. von Erbleuten nach Sibirien ohne gerichtliche Unterſuchung und Entſcheidung. Ehemals. ſ. verſchicken 3).

verſchicken. 1) ſchicken, ausſchicken. Bedienter, der zum Laufen und Verſchicken gebraucht wird, Lange und Stender; alle ſeine Leute ſind verſchickt, 210; die Leute des Arbeitshauſes zum Verſchicken gebrauchen, 213, b. h. zu ſchicken hierhin und dahin; der Gutsbeſitzer braucht die Lostreiber, wenn ſie Pferde haben, zum Verſchicken, 182. II, b. h. mit Fracht irgendwohin zu ſchicken; wo iſt Ihr Burſch? — „Er iſt verſchickt.“ — Sachen, welche von den Untergerichten an das Hofgericht verſchickt werden, 193. II. 35, geſchickt, zugeſchickt. — 2) abfertigen, ab- oder verſenden; abordnen. Unſere Puik-Saat zeichnet ſich dadurch aus, daß ſie auf dem Felde getrocknet wurde; ſie kann aber ihrer geringeren Haltbarkeit wegen nicht verſchickt werden, da ſie, wenn ſie nur etwas klam iſt, ganz ſchwarz ankommt. — Bin ich in Stadtgeſchäften verſchicket und 13 Wochen ausgeweſt, 349. XXVII. 1. Ofters und abwechſelnd mit verordnen, verſenden, abſenden in 349. XX. 3. — 3) wegſchicken, mit näherer Bezeichnung wohin, in Verbannung nach Sibirien ſchicken. Für dies hier gewönliche Wort kennt man in Deutſchland nur deportiren. Verſchickte Übelthäter, 166ᵃ 1/2. 415; ein Gewerbshaus für (nach Sibirien) Verſchickte, 176. 1827. 25; einen Verbrecher nach Sibirien, 383. II; verſchickt werden, 174. 1823. 29. Früher nur nach Sibirien, jetzt auch nach Sſachalin. Nicht ſelten dafür: ſchicken. Nach Sibirien geſchickt werden. Ebenſo: (nach Sibirien) verweiſen. Verwieſene Verbrecher. Das Wort verſchicken entſpricht dem Worte déporter und dem lat. deportare. Unzutreffend iſt, mit verbannen zu erklären und Verſchickung mit Verbannung oder Landesverweiſung; Die Verſchickung iſt Entfernung eines Verbrechers in die entfernteren oder entfernteſten Teile des Reichs zu längerem oder unbefriſtetem Aufenthalt; wo noch keine Eiſenbanen dorthin vorhanden, müſſen die Verbrecher den weiten Weg, oft unter entſetzlichen Leiden, zu Fuß zurücklegen. Mit der Verſchickung iſt verbunden Verluſt der Standesrechte, Verluſt des Eigentums und Vermögens und Übergang derſelben auf die geſetzlichen Erben, wie nach erfolgtem Tode, Auf-

löſung der Ehe, Anſiedelung, für ſchwere Verbrecher harte Zwangsarbeit. Man hält die Bedeutung unſeres Wortes für eine hieſige, in Deutſchland unbekannte; ſie iſt aber dort nur veraltet und bis Ende des 17. Jahrh. gebraucht worden. Belege dazn in Grimms Wtb. Sp. 1071. 2. c. — Wenn Grimms Wtb. auf Sp. 1071. 2. c. bemerkt, daß die Bedeutung verbannen im 18. u. 19. Jahrh. nicht mehr ſich nachweiſen läßt, ſo mag das für Deutſchland gelten, gilt jedoch keineswegs für Liv-, Eſt- und Kurland. Unſer verſchicken kommt, entſprechend dem ruſſ. ссылать, zu ruſſiſcher Zeit auf, da bis dahin eine ſolche Strafe unbekannt war. — 5) im Schicken ein Verſehen begehen. Briefe, nach einem falſchen Orte ſchicken, wie das bei nachläſſig geſchriebenen oder nachläſſig geleſenen Adreſſen vorkommt.

Verſchickung. 1) Abſendung. In allen vorfallenden Verſchickungen in oder außerhalb der Stadt ſich gebrauchen laſſen, 349. XVI. 4; ebba vom J. 1761 ſteht dafür legationes. In Verſchickungen ſich treu und unverdroſſen erweiſen, 180. IV. 1. 391; die Kämmerherren beſorgen die Vertheilung und Verſchickung des Geldes, 477. 171. — 2) als Strafe, ruſſ. ссылка. Verſchickung, Verbannung nach Sibirien, 166ᵃ 1/2. 412; Verſchickung auf publike Arbeit, 182. I; die Ausſicht auf Verſchickung, 174. 1823. 29. Auch Grimms Wtb. führ dieſe Bedeutung an. — 3) Poſtſendung. Die über der (die) Poſt ſpedirte Briefe und Verſchickungen (Päckchen, пересылки), 172. 1784. 17; was die Verſchickungen anbetrifft, ſo wird für jedes Pfund bezahlt, ebba.

verſchieben. Sachen, welche von den Untergerichten an das Hofgericht verſchoben werden, 193. II. 34, „eingeſandt“, auf S. 35 ebenda: „verſchickt“.

verſchiednerlei. Ich liebe in einem Concerte Verſchiednerlei, nicht Klippelklappel (Clavirſpil) allein.

verſchiefen, vom menſchlichen Körper, ſchief werden; von Sachen, ſich ſchief ſtellen. So oft ich den Spigel gerade richte, immer verſchieft er ſich.

verſchießen. 1) vorſchießen. Geld auf verpfändetes Gut verſchießen, 349. XVI. 8, vorſtrecken; keine Waaren auflegen oder darauf verſchießen, 7; wer ſeine Gelder auf Waarenlieferung verſchoffen hat, 7; es ſoll Niemand eines Andern Kaufmann, dem er Gelder verſchoffen hat, drohen oder hierunter beſtechen oder an ſich ziehen, 349. IV. 13, in Polen oder hier. — 2) ſich, von Pferden, ſich verſchießen. Sich verſchießen, ſich erholen, wie die Pferde nach starkem Laufen, Stender 1; die Pferde sich verschießen lassen, 174. 1822. 172. Im Scherz auch von Menschen. Laß mich doch etwas verschießen, zu Atem kommen, mich erholen.

Berschiffungsmärke, die. Berschiffungs- oder Speichermerke, welche in der Waage aufgesetzt wird, 306. 91; die Berschiffungs- merke, welche im Speicher aufgesetzt wird, ebda; für das Bezeichnen der Gebinde (Fässer Öl oder Tran) mit der Berschiffungsmärke erhält das Liggeramt vom Empfänger pr. Gebinde 1¼ Kop. vgl. 174. 1879. 345.

Berschiffungswrake, die. Im J. 1835 beantragte der Generalgouverneur die Einführung einer publiken Berschiffungs- oder Auswrake, statt der Einwrake, 364. 179; im J. 1862 verordnete ein Aller- höchster Befehl, daß die öffentliche Ein- wrake binnen zweien Jahren in eine amtliche Berschiffungswrake umzuändern sei, neben welcher die private Auswrake bestehen könne, ebda 81; die Einwrake für Flachs hat aufgehört, die Berschiffungs- wrake dauert fort, rig. Ztg. 1857. 228; die Hanfwrake hat von jeher mehr den Cha- rakter der Berschiffungswrake gehabt, ebda.

Berschiffungszettel, den der Eichenholz verschiffende Kaufmann erhält, 448.

verschilpern, Flüssigkeiten, aus einem Gefäß übergießen oder überlaufen lassen, indem man dasselbe schwankend hält. In 390c. 108: von Feuchtigkeiten, überschütten, vergießen. In Posen und Schlesien da- für verschlickern.

verschimpfen. Daß ja nicht damit Christus Ceremonien mit dem Wort veracht und vernichtet und verschimpfet werden, 193. II. 2. 1605. 3. 1561.

verschimpfiren, nach Gadebusch was verschimpfen. Heute teils im Sinne von verschimpfen, teils von verschamfiren.

verschinnen, verschelfern.

Berschiß, der, eine Art Ächtung, die früher wegen einer unehrenhaften Hand- lung, doch nur sehr selten, im rigischen Gymnasium an einem Mitschüler der- selben Classe, auf der Universität Dorpat an Mitglidern einer Landsmannschaft verübt wurde; in französischen Lehran- stalten interdiction. Man ersetzt das plumpe Wort, wie in Deutschland, mit Berruf, obgleich dieses im baltischen Gebiet nur üblen, schlechten Ruf bedeutet. vgl. Berruf. Kaufleute, insbesondere Budenin- haber, die in Dorpat gegenüber Studenten (Landsleuten) unhöflich oder beleidigend sich verhalten hatten, wurden gerückt oder ruckten, nicht aber in Berschiß erklärt; sie wurden boycottirt, nach heutiger Sprech- weise. Auch Krüge und Gastwirtschaften wurden in Berschiß getan oder erklärt; die Mitglider derjenigen Berbindung, bei welcher dies geschah, durften jene Örtlich- keiten nicht besuchen, wollten sie nicht selbst dem Berschiß anheimfallen. s. Schiß. Der Berschiß des R. dauert jetzt schon ¼ Jahr; sein Berschiß hört endlich auf; in Berschiß sein, in Berschiß kommen, in Berschiß einen erklären. Das Neue Lausitzische Magazin Bd. 55. S. 390 erklärt das Wort für das altfranzösische verjus (unreifer Traubensaft, Sauer- traube): mettre ql. en verjus, und ebenso das Wort Anschiß (Duellwunde) aus altfranz. encis Anhieb, und Comment aus franz. command Vorschrift. Da- gegen sagt Sallmann (390c. 112): rucken — in Berruf erklären, en verjus, wie nach Goethe die französische akademische Jugend sich das betreffende derbe deutsche Wort zurecht gelegt hat. In Grimms Wtb. (1895) fehlt hierüber jede Ansicht. Deckt sich einerseits die Bedeutung von verjus nicht im Entferntesten mit der von Berschiß, so ist anderseits nicht zu übersehen, daß die Bedeutung des deutschen Wortes sich nicht gut aus der Bedeutung des entsprechenden Zeitworts entwickeln läßt, und daß eine Unzal von Wortbildungen der Studentensprache mehr oder weniger unglückliche Übernahme aus dem Französischen ist. Die deutschen Studenten haben in verhältnißmäßig nur wenigen Fällen die deutsche Sprache be- reichert, in den meisten dagegen in schmachvoller und ungeschickter Weise deutsches Sprachgefül, deutsche Gesinnung und üblichen Anstand verletzt. Das neue Werk Prof. Kluge's: Deutsche Studenten- sprache, Straßburg 1895, rechtfertigt nur zu sehr das eben verlautbarte Urteil. Das Wort Berschiß findet sich gedruckt zuerst 1781, in demselben Jare wie Commersch; Comment erst 1795.

verschlabbern, in Grimms Wtb. ver- schlappern, 1) Milch u. dgl., schlabbernd vertun oder vergießen. 2) schlabbernd ver- schmutzen, in Tellertuch. In 390c. 108: mit Speisen und Getränken beschmutzen. — 3) sich, sich verreden, 390c. 108. vgl. Grimms Wtb.

verschlacken, von geschmolzenem Eisen. Viel Eisen verschlackte oder verschlackte sich, d. h. wurde zu Schlacke.

verschlackern, 1) Spülwasser, aus- stürzen, Stender I; 2) durch Straßenkot ungangbar werden, 390c. 108.

verschlafen, ein Brustkind, im Schlafe erdrücken, oder auch durch die Brust beim Säugen ersticken. In Grimms Wtb. 5) nach Hupel: zu Tode drücken.

Verſchlafenheit, ſchläfrige Trägheit, beſtändige Neigung zum Schlafen. Zu Grimms Wtb.

Verſchlag, der, 1) Verzeichniſſe, Überſchlag, ungefäre Berechnung. Erntverſchlag; Verſchlag der Baukoſten. 2) bretterne Scheidewand und dann der durch die Scheidewand gebildete Raum. Verſchlag und Verſchläge, abgeſchlagener Raum.

verſchlagen. 1) übergehen, unbeachtet laſſen. Daß man das Geſetz ſo ganz und gar ſollte verſchlagen, 193. II. 2. 1605. 3. 1561, übergehen; kein Auge (Maſche des Netzes) auslaſſen oder verſchlagen, 329. 73. — 2) die Pferde litten an verſchlagener Druſe, d. h. zurückgetretener, nicht vollſtändig vergangener, wodurch Beulen und Geſchwüre an verſchiedenen Stellen erſcheinen, 412. — 3) verſchlagen laſſen, ſich abkülen oder erholen laſſen. Man läſſt die Pferde verſchlagen, nach einem ſcharfen Trabe. Verſchlagener Ofen, lül gewordener. In einem verſchlagenen Ofen backen, 155. 2. 315. — 4) die Jäger bekamen nur 3 Rehe; das übrige Wild wurde theils niedergeriſſen, theils durch „Verſchlagen" verendet gefunden, rig. Ztg. 1867. 82, aus dem kuriſchen Oberlande. — 4) Gut verſchlagene Butter, 172. 1814. 38. — Verſchlagene Böden, 172. 1768. 10, in welchen Verſchläge ſind?

verſchlagſam (–), nährend, Kraft habend. Das auf der Spilwe fällige Heu iſt nahr und verſchlagſam, 349. IX. 1; das Mehl iſt verſchlagſam, Stender I; Kaffee, der verſchlagſam iſt, 172. 1790. 354; verſchlagſame Seife, 172. 1793. 422; Grummet iſt nicht ſo verſchlagſam wie das zuerſt gemähte Heu; dicker Grützbrei iſt verſchlagſamer als dünne Milchſuppe. Gew. In 390c. 73 erklärt: ausgibig.

Verſchlagſamkeit, des Korns, Stender I. 218; Ausgibigkeit und Verſchlagſamkeit des Korns, Stender I.

verſchlammen, von Gräben und Teichen. Unterſchieden von verſchlämmen.

verſchlämmen. Das Fahrwaſſer der Düna durch Wehren verſchlämmen, 172. 1779. 265.

Verſchlammung, eines Teiches.

verſchlampen, ein langes Kleid im Gehen durch Straßenſchmutz verſudeln. In 390c. 108 verſchlampen, verſtärkt verſchlampaupen, Kleider, unordentlich, beſonders durch unzeitiges Hängenlaſſen auftragen, verderben; fig. verſchlemmen.

verſchlampern, 1) den Magen, mit Flüſſigkeiten überfüllen, überſchwemmen.

— 2) ein Kleid, ſchlampig und ſchmutzig tragen. Ein verſchlampertes Kleid.

verſchlämpern, den Magen, verſchlampern.

verſchlappſen, vom Mannesgliede, welches zur Unzeit die Starrung verliert. vgl. Verſchlappfung u. 372. II. 312 u. f.

Verſchlappfer. Die Franzoſen nennen bandalaise (Verſchlappfer) einen Mann, der nicht immer da, wo er es möchte, Gliedesſteifung hat, ſondern hierzu — pour bander — in einem ruhigen, ungeſtörten, bequemen Zuſtande à l'aise — ſein muß, 372. II. 312.

Verſchlappfung. Es iſt ein ſonderbares Ding mit der bandalaisie oder Verſchlappfung, wie man dieſes Vorkommnis in den dreißiger Jahren zu Riga bezeichnete, 372. II. 312; die Verſchlappfung befällt zuweilen einen noch ſehr kräftigen Mann im Augenblick, wo er beim Schlagen der Schäferſtunde gern alle mögliche Vollkraft beweiſen möchte, ebba; je mehr der zu Verſchlappfung Neigende leiblich und geiſtig ſich abmüht, um es zur Gliedesſteifung zu bringen, deſto weniger will dieſe erſcheinen, ebba 313.

verſchleckern, durch Feinſchmeckerei durchbringen, 390c. 108. Wol daſſelbe, was in Grimms Wtb. verſchlacken (durch Naſchen vertun).

verſchleiert, von Lichtbildern, ſchleierig. Dieſer Feler erfolgt, wenn —

verſchleifen. Gegen Ende des vorigen Jahrhunderts wurde Joſſenholm durch den Eisgang vollſtändig verſchleift, 174. 1862. 311, fortgetragen, weggeſchwemmt.

verſchleimen, ſich den Magen; verſchleimt ſein, als Krankheit der Lungen.

verſchleißen, nach Grimms Wtb.: in Kleinverkauf bringen. Hier ungewöhnlich, doch im rig. Handelsbericht (rig. Zeitungen vom April 1896. 80) für verkaufen benutzt. Von Narwa wurden große Quantitäten nordiſcher Kappbalken nach Holland verſchleißt, 361. 1896. 80. Alſo auf Verkauf überhaupt bezogen; bemerkenswert auch verſchleißt; in anderer Bedeutung: verſchliſſen.

verſchlemmen. Mehre Felder ſind durch das Waſſer verſchlemmt. vgl. verſchlämmen.

Verſchlepp, der, Verſchleif, Aufſchub, Verzögerung in Behandlung von Gerichtsſachen. Den Verſchlepp der gerichtlichen Sachen zu vermeiden, Bekanntm. der livl. Hofger. v. 1884; unnützen Verſchlepp einer Sache abwenden, 147; zum Verſchlep der Sachen, 365. 3. 1666.

verſchleppen, eine Sache, eigentlich

verschleifen, verzögernd be- oder verhandeln. Gew. Verschleppen, verschlubbern, Stender I. — In Grimms Wtb. nur mit sich.

Verschleppung. Mittel, welche wider die Fünde der Zeit-Verschleppungen —, 193. II. 2. 862.

verschliffeln, zum Schlüffel werden.

verschlingeln, zum Schlingel werden. In Grimms Wtb. languescere, torpere erklärt, was wol der Bedeutung widerspricht.

Verschlingung, der Gebärme, Darmverschlingung.

verschlubbern, ein Kleidungsstück, nachlässig, nicht schonend tragen. Schon in 210. In 390c 108 dasselbe, was verschlabbern.

verschluddern, 1) Kleider und Schuhwerk, nicht schonen und dadurch vernutzen, vertragen. Schon bei Stender und gewönlich. In 390c. 108: verlumpen, verschleudern. — 2) Wertpapire, verschleudern, unter dem Werte verkaufen.

verschlunkern, sich, in (mit) seinen Beinen, stolpern, in dem man mit ihnen schlenkert.

Verschluß, der. Der Getreidemarkt ist anhaltend sehr flau. Verschlüsse nach dem Auslande kommen nur ganz vereinzelt vor, Handelsbericht der Dünaztg. 1896. Nr. 63, Abschlüsse, Verkäufe. In Grimms Wtb. felend, in ältern vorhanden.

verschmaddern, in nicht gehöriger oder in zweckloser Weise verbrauchen. Verschmaddern Sie doch nicht die Butter! Gew. In 390c. 108: heftig schlagen; versudeln. Zu Grimms Wtb.

Verschmälerung. Die Kabüsen, so er zur V. der Gassen zu weit ausgesetzt, abreißen, 174. 1814. 136. Z. 1567.

verschmauchen. In Bickershofe hatte man die Menschen an die im Hofe stehenden Bäume gebunden, den Hof angezündet, und sie also mit verschmauchen lassen, 345. 22.

verschmeißen, 1) an einen unrichtigen Ort, verwerfen. 2) wegwerfen. Das braucht nicht verschmissen zu werden. Ausdruck der Handwerker. — 3) einen Graben, eine Grube, mit Erde füllen, zuwerfen. — 4) eine Wand, bevoren und verschmeißen, mit Mörtel putzen; ein Dach, die Fugen zwischen den Dachpfannen, verstreichen.

verschmelzen, Drüsen und Geschwülste, durch Salben und Pflaster verteilen. Die Geschwulst wurde verschmolzen und allerlei Beschwerden folgten danach. Gew.

verschmiren, 1) verbauen, durchwichsen. Die beiden Knaben sind tüchtig verschmirt worden. — 2) einen Ofen, von innen oder außen, mit Lehm verstreichen. In Deutschland verkleiben, frz. glaiser.

verschmölen, verschmauchen. Hat in die 2000 Menschen verschmölet und verbrannt, 195. Henning Chr. 258; Tyrannei, die er mit brennen, sieden, braten und verschmölen geübet, ebba 261.

verschmoren, 1) Fleisch zu viel schmoren und dadurch Kraft und Geschmack desselben benachteiligen. Gew. Ebenso in 390c. 108. — 2) Geld und Vermögen, durch Schmoren, d. h. Trinken und lüberliches Leben, vertun. Ebenso in 390c. 108. — 3) durch Schmoren (kneipen u. lüberliches Leben) leiden oder herunterkommen; durch Kneipen herunterkommen, 390c. 108. Verschmort aussehen, verlebt aussehen, die Spuren von Ausschweifungen im Gesicht tragen, 322. 31. Genauer wol: die Spuren von lüberlichem Trunkleben im Gesicht tragen.

verschmuddeln, leicht verschmutzen. Ebenso in 390c. 108: versudeln.

verschmuddern, etwas, leicht verschmutzen.

verschmurgeln, versudeln, verschmutzen, verschmiren. Ebenso in 390c. 109. In Ihrer korbrigen und verschmurgelten (schmierigen) Affenjacke, 361. 1890. 180.

verschnappsen. Ein verschnapptes Gesicht, Schnappsgesicht.

verschnauben, st. verschnaufen. 210.

verschnaufen. Pferde verschnaufen oder verschießen lassen, Stender I. Im Scherz von Menschen — für welche allein Grimms Wtb. Belege verzeichnet.

verschneiden, oft mit sich. Ein Braten verschneidet sich bald, wenn viele Esser da sind, d. h. ist bald verschnitten und aufgegessen; man kann nicht glauben, wie viel Zeug sich zu einem solchen Kleide verschneidet, d. h. verschnitten und gebraucht wird.

Verschneider, Schneider. Die Staatsregierung stößt auf gewaltige Schwierigkeiten, die „Menschenverschneider" unschädlich zu machen, 372. II. 370.

verschnelen. Er verschneite zu uns, kam zu uns unerwartet und zufällig.

verschnellen. Den Lauf einer Uhr verschnellen und vermindern, 172. 1800. 417.

verschnickern, 1) durch Schnickern verderben oder zu Ende bringen, einen Braten, ein Stück Holz, u. dgl. In 390c. 109 verschnitzen. — 2) einen Rock, ein Kleid, durch ungehöriges Zuschneiden und Verschneiden des Zeuges schlecht anfertigen.

verschnobbern, ein Taschentuch, mit

Naſenſchleim voll ſchnauben, verrotzen. Ebenſo in 390ᶜ· 109.

verſchnolen. Hupel in 166ᵃ· XXII. 234 ſagt: verſchnoblt oder verſchnoolt heißt gierig, ſonderlich bei Kleinigkeiten, z. B. er iſt auf eine Mahlzeit verſchnoblt, welches bedeuten kann, daß er einer Mahlzeit nachläuft, oder auch daß er nicht gern einen Gaſt bewirthet. Überhaupt iſt aber der ganze Ausdruck pöbelhaft. — In 390ᶜ· 109 verſchnolen, lüſtern, ledermäulig werden. — Für Riga kann ich den Ausdruck nicht belegen.

verſchnoren, ſ. verſtricken.

verſchnuckt ſein, beſtändig Schnucken haben.

verſchnüffeln, ſich, ſich beim Schnüffeln irren.

verſchnuppern, ſich, von Hunden, ſich beim Schnuppern irren. Auch von Menſchen ſt. ſich verſchnüffeln.

verſchrammen, eine Tiſchplatte, Schrammen in ſie hineinbringen. — Der Tiſch verſchrammt, wenn unglatte Gegenſtände darauf gelegt werden.

Verſchrammung, einer Tiſchplatte.

verſchränken. In verſchränkten Reihen, im quincûnx, 176. 1837. 36, d. h. en quinconce oder zeilig.